Brian Moore
Insel des Glaubens

Brian Moore

Insel des Glaubens

Roman

Claassen

Titel der bei Jonathan Cape Ltd. in London erschienenen
Originalausgabe CATHOLICS
Copyright © 1972 by Brian Moore

Deutsche Erstauflage 1975
Copyright © 1975 by Claassen Verlag GmbH, Düsseldorf
Alle Rechte der Verbreitung in deutscher Sprache, auch durch Film,
Funk, Fernsehen, fotomechanische Wiedergabe, Tonträger jeder Art
und auszugsweisen Nachdruck, sind vorbehalten
Gesetzt aus der 12 Punkt Garamond
Gesamtherstellung: Druckerei Gebr. Rasch & Co., Bramsche
ISBN 3 546 468015

Ins Deutsche übertragen von
Elisabeth Schnack

I

Der Nebel hob sich. Dort lag die Insel! Der Fremde ging bis ans Ende des unbenutzt daliegenden Piers und sah sie, jenseits eines drei Meilen breiten Streifens Ozean, wo sie wie ein umgekipptes Fischerboot über den Wellen schwebte. Die Morgensonne glitt über einen Bug, der aufragte wie ein Kiel, und über Täler so schwarz wie geteerte Bootswände.

Er dachte an Rom. Erstaunlicherweise besaß der Orden nicht viel an Information. Im Lungotevere Vaticano war ihm ein nicht mehr erhältliches Buch ausgehändigt worden: *Weir's Guide to Religious Monuments*.

Muck Abbey, Kerry, Irland. Auf einer kleinen Insel vor dem Felsenpanorama der Küste des Atlantischen Ozeans, die als Ring of Kerry bekannt ist. Das Kloster (Orden des heiligen Alban), gegründet 1216, neu errichtet 1400–1470, unterhält auf dem Festland – auf Mount Coom, in der Nähe des Dorfes Cahirciveen – eine Außenstation oder Zelle, die Priorei des Heiligen Kreuzes. In dieser von Cromwells Truppen geplünderten Priorei wurde zur Zeit der Katholikenverfolgung unter freiem Himmel heimlich die Messe gefeiert, wobei ein »Messefelsen« als Altar diente. Die Abtei selbst (auf der Insel Muck) entging den Cromwellschen Plünderern. Sie liegt auf dem westlichen Abhang der Insel, mit einem herrlichen Ausblick auf das weite Meer. Vom Turm der Abtei sieht man auf graue Wellen hinab, die sich an dem kahlen Felsgestein brechen. Die Mönche leben von Fischfang und sammeln Seetang.

*

Vor dem Frühstück hatte er noch einmal telefoniert. Das hübsche Mädchen am Empfang seines Hotels hatte an einem unglaublich altmodischen Apparat gekurbelt und das Amt angerufen. »Bitte, gib mir Muck! Doch, Sheilagh, ist schon recht, es ist für den Priester, der gestern abend mit der Insel gesprochen hat.«
»Da ist es, Vater!« Er nahm den Hörer. Eine Glocke läutete – endlos lange.
»Insel Muck, Nummer eins«, sagte eine knarrende Stimme draußen im Atlantik.
Der Fremde nannte seinen Namen. Er sagte, er sei aufgefordert worden, anzurufen und wegen des Wetters zu fragen.
»Wie war doch gleich Ihr Name?«
»Kinsella. *Vater* James Kinsella.« Er hatte schon etwas dazugelernt.
»Ach so, Vater Kinsella! Wir schicken Ihnen ein

Boot, natürlich! Gehen Sie nur an den Pier. Padraig kommt Sie bald abholen.«

Möwen, nach Fischresten suchend, flogen über ihn hinweg und tauchten in das brackige Wasser hinunter. Hinter ihm, am Ende der Straße, die zum Pier führte, erhoben sich drei Bootsschuppen aus Beton – ohne Dächer, der Boden voller Unkraut, das nach Urin und Schafsmist stank. In einem der Schuppen stand ein sehr alter Wagen, den er unbenutzt geglaubt hatte. Als er gestern das erstemal hierhergefahren war, um den Nebel nach einem Ausblick auf die Insel abzusuchen, hatte er in den Wagen hineingespäht. Eine Stola aus violetter Seide hatte auf dem Vordersitz gelegen. Im Hotel hatte er sich nach dem Abendessen erkundigt, wer den Pier gebaut habe. Nein, die Mönche hätten ihn nicht gebaut, das sei die irische Regierung gewesen, schon vor Jahren, ehe die Fischgründe verunreinigt waren. Damals hatten etwa zwanzig Familien auf der Insel gewohnt. »Sind seitdem fast alle fortgezogen. In alle vier Winde zerstreut.«

»Verunreinigt? Bedeutet das, daß die Mönche nicht mehr fischen?«

»O doch, mit dem Fischfang geht's wieder fein! Vor einer Weile ist das Wasser gesäubert worden. Schlimm war's nur, daß es für die Leute auf Muck zu spät geschehen ist. Jetzt sind bloß noch vier

Familien auf der Insel übriggeblieben. Und die Mönche.«
Der alte Wagen, den er im Bootsschuppen gesehen hatte – war das der Wagen vom Kloster?
»Ja, sicher. Den brauchen die Mönche, wenn sie sonntags nach Cahirciveen fahren. Das sind zwanzig Meilen, Vater.«
»Aber was machen sie bei rauher See oder bei Nebel, wenn das Boot nicht von der Insel herüberkommen kann?«
»Dann wird in Cahirciveen keine Messe gefeiert.«
»Keine Messe?« Er hatte wieder das Bild vor Augen, das er gestern gesehen hatte: die Straßen des Kerry-Dorfs mit seinen grauen Häuserfronten aus dem neunzehnten Jahrhundert, den Marktplatz, die graue gotische Kirche und Straßen, die für den modernen Verkehr weder gebaut noch geeignet waren, der sich jetzt in dem ständigen Chaos von Wagen, Autobussen, Lastwagen, Campern und Lieferwagen in ewigen Stauungen die engen Straßen hinein- und herausdrängte, während am Dorfrand weitere Fahrzeuge in dem verschlammten Durcheinander improvisierter Parkplätze und Zeltdörfer steckengeblieben waren. Und überall in Cahirciveen die Pilger: eingekeilt in Läden und Kneipen und auf dem Dorfplatz zusammengepfercht wie das Vieh an einem Markttag. Niemand

wußte, wie viele Pilger es an einem Wochenende waren, doch seit Monaten war auf fünfzig Meilen im Umkreis kein Zimmer oder Bett zu haben gewesen. Da waren natürlich die Iren; aber Engländer und Schotten schienen fast ebenso zahlreich gekommen zu sein. Mit der Autofähre oder in Charterflugzeugen kamen andere, hauptsächlich Franzosen, jedoch auch viele Deutsche und sogar einige Pilger aus Rom, vom Kontinent herüber. Die Amerikaner hatten zwei Chartergruppen eingeflogen: viele von ihnen alte Leutchen, die nie zuvor den Atlantik überquert hatten. Sie kamen, wie es schien, nur her, um wenigstens eine Messe zu hören und den Rosenkranz zu beten – dann gingen sie wieder. Die unbequemen örtlichen Unterkünfte ermutigten nicht zu längerem Aufenthalt. Es war ein Phänomen – sogar in der Geschichte der Pilgerfahrten. Es gab keine Wunder und keine Hysterie, es gab nicht einmal eine besondere Inbrunst. Die Stimmung war sehnsüchtig. Sonntags morgens standen die Pilger früh auf und fuhren in Autobussen und Wagen zum Fuß des fünf Meilen vom Dorf entfernten Mount Coom. Von dort stiegen sie auf den Berg, um auf verschlammten, grasbewachsenen Hängen oder auf Felsbändern zu knien, oft im unerbittlichen irischen Regen. Die meisten konnten den Messefelsen

und den Priester nur aus der Ferne erblicken, doch sie alle vernahmen das Latein, das aus den von Dorfleuten aufgestellten Lautsprechern dröhnte. Latein. Die Kommunions-Schellen. Mönche als Altardiener, die lateinischen Antworten sprechend. Weihrauch. Alles wie früher.
»Keine Messe?« sagte er zu dem Hotelbesitzer. »Aber sie sind doch von so weither gekommen – was tun sie denn, wenn keine Messe ist?«
»Ach, Vater, das ist jedesmal ein großartiger Anblick! Die Pilger bleiben einfach da, knien und beten den Rosenkranz. Sie bleiben den ganzen Tag, warten und beten.«
»Aber versuchen nicht einige, auf die Insel hinüberzugehen?«
Der Hotelbesitzer lachte, daß man seine Zahnlücken sah. »Keine Angst! Auf Muck kann niemand landen, der nicht die Tricks kennt! Und die Inselboote nehmen niemanden mit, der keine Erlaubnis vom Abt hat. Außerdem«, fuhr der Hotelbesitzer nun wieder ernst fort, »sind die Pilger anständige Leute. Als der Abt hier in der Kirche von Cahirciveen ein Schild aufstellen ließ: *Beichte nur für Pfarrkinder*, da gaben es die meisten Pilger auf, die Mönche zu belästigen. Trotzdem bilden sich immer noch lange Schlangen. Sonntags nach der Messe haben drei Mönche dauernd in der Kirche

zu tun, bis es für sie Zeit wird, mit dem Boot zurückzufahren.«
»Aber warum dauert die Beichte so lange?«
»Wir haben noch Ohrenbeichte. Immer nur einer allein im Beichtstuhl!«
Ohrenbeichte. *Davon* wußte man in Rom nichts.
»Und wie steht es mit der öffentlichen Beichte?«
»Mit der öffentlichen Beichte, Vater?«
»Wenn die ganze Gemeinde sich vor der Messe erhebt und gemeinsam das Sündenbekenntnis spricht?«
»Ah, das hat hier nicht Fuß gefaßt!«
Ein jäher, kalter Zorn ließ Kinsella hervorstoßen: »Es hat überall Fuß gefaßt.« Mit Beschämung sah er den Hotelbesitzer nach der Zurechtweisung gehorsam, jedoch ohne Überzeugung mit dem Kopf nicken.

*

Gestern, als er mit dem Wagen vom Shannon-Flughafen eingetroffen war, hatte Kinsella eine Art militärische Kuriertasche und einen Umhängebeutel bei sich gehabt und einen Drill-Anzug getragen. Das Mädchen am Empfang in Herns Hotel

war kurzangebunden gewesen. Das Hotel sei besetzt, sie hätten eine Warteliste von zwei Monaten, seit Tagen sei keine Reservierung vorgenommen worden. »Aber meine Reservierung haben Sie angenommen«, sagte er. »Sie haben sie bestätigt, und die Bestätigung wurde mit Telex von Dublin aus an die Ökumenische Zentrale in Amsterdam geschickt. Das hier ist doch Herns Hotel, nicht wahr?«
»Wie war der Name, Sir?«
»James Kinsella. Katholischer Priester«, sagte er nach ökumenischem Brauch.
»Oh, Vater Kinsella! Oh, verzeihen Sie bitte, Vater! Natürlich haben wir ein Zimmer für Sie!«
Vater. In der überfüllten Hotelhalle war jeder vorhandene Platz besetzt. Die Leute zirkulierten mutlos um Ständer mit Ansichtskarten vom Meer und um Regale mit Taschenbüchern. *Vater.* Sonnengerötete Gesichter wandten sich um und starrten ihn verächtlich an, wegen seines amerikanischen Akzents und seiner ökumenischen Kleidung. Die meisten dieser Pilger waren älter als er, alt genug, um sich an die lateinische Messe zu erinnern. Aber auch junge Leute waren darunter, ehemalige Anhänger der katholischen Pfingstbewegung, die jetzt versessen waren, sich als *penitentes* zu erleben. Die ihm entgegengebrachte Verachtung, seine

eigene Verachtung erwidernd, traf ihn, als er, der Bevorzugte, zur Treppe und zu seinem Zimmer ging. Sein Freund Visher, ein Verhaltensforscher, hatte die gegenwärtige Haltung der Katholiken gegenüber ihren Geistlichen studiert. »Die Leute sind Schafe«, sagte Visher. »Sie haben sich nicht geändert. Sie wollen ihren alten Gemeindepfarrer und ihren alten Hausarzt. Schafe brauchen autoritäre Schäferhunde, die ihnen von der Geburt bis zum Grabe nach den Fersen schnappen. Die Leute wollen weder Wahrheit noch soziale Gerechtigkeit, sie wollen die ökumenische Duldsamkeit gar nicht. Sie wollen Gewißheiten. Der alte Gemeindepfarrer hat sie ihnen zugesichert. Du kannst das nicht, Jim.«

*

Die Wellen klatschten gegen die glitschigen Steinstufen. Ein neues Geräusch drang an Kinsellas Ohr: das Pochen eines Motors. Er blickte aufs Meer hinaus, sah aber kein Boot. Der Schall war der Sicht voraus und drang deutlich über die schaumgekrönten Wellen. Pochte. Ich komme, ich komme. Peinliche Konfrontation. Er und der Abt von Muck.

*

»Es ist also nicht Ihre erste Reise nach Irland«, sagte der Ordensgeneral und blickte von seiner Akte auf. Es war eine Feststellung, keine Frage, aber er fand, daß er darauf antworten sollte.
»Nein, Magnifizenz. Während meines letzten Jahres in Harvard fuhr ich hin, um eine Sommerschule zu besuchen. Die Yeats-Schule in Sligo. Meine Vorfahren waren Iren. Sie kamen aus der Grafschaft Mayo, glaube ich. Es liegt im Westen, wo auch die Abtei ist.«
»William Butler Yeats.« Der General lächelte sein leises, preußisches Lächeln. »*Welch rohe Bestie! Ihre Stunde hat geschlagen!* Paßt gut. Ich möchte, daß Sie die Bestie begraben. Und ich glaube, um Ihnen das zu ermöglichen, sollte ich Ihnen uneingeschränkte Vollmacht erteilen. Emissäre, die ihre Weisungen erst im Hauptquartier einholen müssen, vor allem jüngere, würden diesen alten Mastodons nur wie Novizen vorkommen. Ich will es diesem Abt klarmachen, daß Sie an meiner Stelle stehen. Was Sie entscheiden, soll das endgültige Edikt des Ordens sein.«
»Und der Vater Provinzial in Dublin, Magnifizenz?«
Der General seufzte. »Es scheint, daß zwischen ihm und dem Abt von Muck eine Meinungsverschiedenheit besteht, die auf das paulinische Pon-

tifikat zurückgeht. Wie Sie wissen, sind die Bischöfe seit dem Vierten Vatikanischen Konzil nicht länger an die Befehle des Provinzials gebunden. Die irischen Äbte sind infuliert und haben die Bischofswürde. Jeder ist *prelatus nullius,* niemandem unterstellt. Diesem da beliebt es, die Empfehlungen des Provinzials zu ignorieren. Die meinen kann er jedoch nicht ignorieren.« Der Ordensgeneral nahm ein Xerox-Blatt auf, ein Faksimile einer alten Domkapitel-Dokumentation auf Mikrofilm; das Original war inzwischen zerstört. »Der widerspenstige Abt von Muck!« sagte der General. »Wollen sehen! Es handelt sich um einen gewissen Tomás O'Malley, nunmehr neunundsiebzig Jahre alt, Sohn eines Grün-Krämers. Was ist ein Grün-Krämer, möchte ich mal wissen?«

»Er verkauft Gemüse, Magnifizenz.«

»Aha. Der Abt ist Zögling eines irischen Seminars, der Ort heißt Kilcoole. In Latein Preise gewonnen – o lala! Promoviert in – kann die Schrift nicht lesen, scheint Unzial zu sein – einerlei. Vier Jahre in der Buckmore-Abtei in Kent. Dann in Irland, Dublin – hm – hm – und zum Abt von Muck ernannt. Da er auf eine abgelegene kleine Insel abgeschoben und in verhältnismäßig jugendlichem Alter fallengelassen wurde, scheint der

Orden keine großen Hoffnungen in ihn gesetzt zu haben. Anschließend ein Leben in Armut, dreißig Mönche, lauter Fischer, Einnahmen aus Seetang und Rotalgen – was auch immer das ist – und dem Verkauf von Dung – na gut, genug davon. Sie können das durchsehen, wenn Sie mal Zeit haben.« Der General griff nach einer Ordensdokumentation. »Hier wird das Alter der Abtei angegeben, Einzelheiten über Stiftungen und so weiter. Ich glaube, ich verstehe, weshalb die Medien-Leute sich dafür interessieren, so verleidet uns allen eine Vergangenheit sein mag, die wir nie miterlebt haben. Das Kloster wurde 1216 gegründet.« Der General lehnte sich in seinem Eames-Stuhl zurück und blickte aus den hohen Fenstern seines Amtszimmers. Dort unten lag die neue Fußgänger-Promenade des Lungotevere und jenseits das träge, schlammige Wasser des Tiber. Die Augen des Generals wandten sich nach links und blieben an den Dächern des Vatikans und des Petersdoms haften, der selbst aus der Entfernung noch riesig wirkte. »Im Jahre 1216. Stellen Sie sich das vor! Das Vierte Lateranische Konzil war gerade zu Ende. Innozenz der Dritte saß auf dem Stuhl Petri. Und das große Ungetüm dort hinten sollte erst dreihundert Jahre später gebaut werden.«

Er blickte wieder auf die Dokumentation. »An-

fangs gehörte uns die Abtei noch nicht. Sie wurde auf Geheiß St. Patricks, eines irischen Bischofs und Heiligen, von einem dortigen König gegründet. Die St. Albaner ersuchten 1406 in einer Bittschrift um die Übernahme. Innerhalb von ein paar hundert Jahren gehörte ihnen die Hälfte aller Ländereien in Kerry, deshalb haben sie ja auch die Priorei auf dem Festland. Der Abt von Muck hat immer das Recht besessen, den Prior der Zelle vom Heiligen Kreuz in Cahirciveen zu ernennen.«
»Ich glaube, jetzt ist kein Prior da, Magnifizenz.«
»Ja. Stimmt.« Der General zog die Dokumentation zu Rate. »Natürlich gibt es in der Nähe Pfarrgemeinden, aber die Mönche setzen noch immer zum Festland über, um die Messe zu feiern und den priesterlichen Pflichten nachzukommen. Und die Reformen, die in unserer Zeit anderswo stattgefunden haben, wurden in Cahirciveen einfach nicht beachtet. Unser irischer Provinzial hat bei vier verschiedenen Anlässen Vorschläge gemacht, aber dieser Abt bleibt blind und stumm. Möchte mal wissen, wie lange es noch so weitergegangen wäre, hätte sich nicht die Sache mit den Touristen ereignet. Jedenfalls war es ein Team von der BBC, das den Stein ins Rollen brachte. Lateinische Messe! Stellen Sie sich das vor!« sagte der General und lächelte. »Ich würde eigentlich

ganz gern mal wieder an einer teilnehmen, Sie nicht auch?«

»Ich kann mich nicht mehr recht erinnern, Eminenz.«

»Den Rücken der Gemeinde zugekehrt, Meßgewand, *introibo ad altare dei.* Und die Schelle! Das Sanktus! O lala, wie schnell man doch vergißt! Und jetzt werden sie zusammengepfercht. Hören Sie sich das an: Fährschifftouren aus Liverpool und Fishguard, Charterflüge von Leeds, Boston und New York – Pilgerfahrten von Frankreich, sogar aus *bella Italia!*« Der General amüsierte sich so, daß er einen Niesanfall bekam. Er benutzte einen Nasen-Inhalator und blickte dann wieder auf die bräunlichen Fluten des Tiber. »Jetzt zu behaupten, es wäre nicht anders zu erwarten gewesen, wäre eine billige Redensart. Selbst das Vierte Vatikanum kann zweitausend Jahre nicht in wenigen Jahrzehnten begraben. Aber ich hätte eher auf Spanien getippt. Oder vielleicht auf eine ehemalige portugiesische Besitzung.« Der General seufzte. »Wir sind so unfehlbar fehlbar, nicht wahr? War es nicht Chesterton, der davon sprach, daß man manches nicht sähe, weil es zu groß sei? Irland! Natürlich! Also, so steht es. Nehmen Sie die Akten! Und unterrichten Sie meinen Sekretär über Ihren Reiseplan! Ich schlage vor, daß Sie

heute abend per Überschallmaschine direkt nach Amsterdam hüpfen. Es ist natürlich eine bloße Formalität, aber in einer Angelegenheit wie dieser hier sollte alles koscher sein.« Er lächelte. »Ich werde den Rat darauf hinweisen, daß Sie mein Bevollmächtigter sind. Von Amsterdam fahren Sie sofort nach Irland. Vergessen Sie nicht, daß ich die Sache bis Ende des Monats bereinigt haben möchte!«
»Ja, Magnifizenz.«
»Holen Sie den alten Dummkopf von seinem Berg herunter, James! Und wenn er Ihnen Schwierigkeiten macht – beißen Sie zu!«

*

Plötzlich kam ein Fischerboot in Sicht und stach durch die schaumgekrönten Wellen, als ob in dem Augenblick, da Kinsella weggeschaut hatte, eine Riesenhand das Schiff ins Seebild gemalt hätte. Ein Zehn-Tonnen-Boot mit Dieselmotor, so recht dafür gebaut, die grauen Wogenwände hinauf- und über sie hinwegzuklettern. Der Wind hatte an Stärke zugenommen und schleuderte einen großen Wasserschwall über die Kante des Piers. Eine schwarze Sturmwolke füllte den Saum des Horizonts aus. Als das Schiff sich dann über die Meerenge näherte, nahm Kinsella seine Kuriertasche, die den Brief des Generals und eine Generalvollmacht enthielt – von den vier gegenwärtigen Mitgliedern des Ökumenischen Weltrats in Amsterdam unterzeichnet. Als das Schiff den Motor drosselte und jenseits der Barre trieb, ging er zu den Steinstufen. Ein Mann in einem Tweedhut erschien und machte sich im Bug zu schaffen. Ein anderer stand im Ruderhaus – ein stämmiger junger Bursche in einem weißen Rollkragen-Pullover. Nicht Mönche, wie er erwartet hatte, sondern Inselbewohner von den paar Fischerfamilien, die noch im Herrschaftsbereich des Abts lebten. Der Mann mit dem Tweedhut machte ein kleines schwarzes Curragh los, das leicht wie eine Muschel am Heck des Zehn-Tonners tänzelte. Er zog es zu sich heran, sprang hinein, faßte die langen Riemen und ruderte kräftig zum Pier hinüber, wobei das kleine Curragh wie eine Gondel im Vergnügungspark hochschwebte, auf den schaumgekrönten Kämmen hängenblieb und dann schwindelerregend in den Wellentrog hinabfiel. Das Motorboot krängte. Rasselnd fiel ein Anker, wie Gedärm, aus seinem Bug tief ins Meer. Der stämmige Bursche trat aus dem Ruderhaus an die Längsseite des Bootes und blickte übers Wasser zu Kinsella hinüber. Mit seinem roten Kraushaar, der sommersprossigen Haut, der Stupsnase und dem weißen Fischer-Sweater sah er wie Dylan Thomas aus.

Das Curragh, das jetzt leicht weiterschoß, seit es in dem Schutz des Piers war, erreichte die Treppe, auf der Kinsella wartete. Der Ruderer hatte der Treppe den Rücken zugewandt. Geschickt legte er die Riemen ein, während er längsseits glitt, und wie im Schlaf fand seine Hand den eisernen Poller am Fuß der Treppe.

Als der Ruderer mit dem Tweedhut sich umdrehte und zum Pier blickte, breitete sich ein Lächeln über Kinsellas Gesicht, ein amerikanisches Lächeln, wie es zum Gruß üblich ist. Doch die Augen des Ruderers flogen über ihn hinweg, als wäre er nur ein müder Seevogel, der sich auf dem Pier ausruhte. Die Augen schweiften über den Pier, über die Schuppen und die Straße dahinter, dann kehrten sie widerwillig zu Kinsella zurück.

»Morgen!« sagte der Bootsmann.

»Hallo!« Kinsella lächelte und stieg zuversichtlich die letzten glitschigen Stufen hinab, auf das kleine Boot zu. Aber der Bootsmann schüttelte den Kopf und verwehrte ihm, einzusteigen. Er war jung und listig, und von der Anmut eines wilden Jungtiers. Seine grauen Augen blickten forschend, wie die Augen eines Tieres aus einem Zookäfig.

»Ich bin James Kinsella, katholischer Priester«, sagte Kinsella gemäß ökumenischem Brauch.

Die Zunge des Bootsmanns erschien, rund wie eine Zitze, zwischen seinen Zähnen. Er saugte sie ein und starrte ihn schweigend an.

»*Vater* Kinsella«, verbesserte sich Kinsella.

»Das machen Sie anderen weis«, erwiderte der Bootsmann mit weichem Inseldialekt.

»Wie bitte?«

»Ich soll einen Priester abholen. Ich kann niemanden sonst mitnehmen. Tut mir leid.«

»Aber ich *bin* der Mann, den Sie abholen wollten. Ich *bin* Priester!«

Der Bootsmann saugte erneut an seiner Zunge, blickte an Kinsella vorbei und suchte wieder den Pier, die Schuppen und die Straßen dahinter ab. Dann wandte er sich um und hielt nach dem Fischerboot Ausschau, das an der Barre vor Anker lag. Dylan Thomas stand an Deck und hob fragend den Kopf.

»Noch nicht hier!« rief der Bootsmann.

Der Bursche an Deck drehte sich um und blickte auf die Umrisse der fernen Insel zurück. Die dicke schwarze Wolke war jetzt ungeheuer groß geworden und rückte wie eine dunkle Linse über den

Himmel. Der Bootsmann blickte ebenfalls zum Himmel auf.
»Zieht ein Sturm herauf?« fragte Kinsella.
»Ja.«
»Na, dann lassen Sie uns abfahren! Wollen Sie etwa meine Ausweise sehen?«
»Machen Sie das anderen weis«, wiederholte der Bootsmann. Er wandte sich ab, als wäre Kinsella bereits verschwunden. Er saß in dem langen, leichten Boot, hielt sich am Poller und versuchte, das auf den klatschenden Wellen am Pier auf und ab hüpfende Boot ruhigzuhalten. Er saugte einen Augenblick an seiner runden Zunge, dann schrie er übers Wasser:
»Kein Wa-a-a-a-agen da-a!«
Der Bursche an Bord in dem weißen Sweater deutete zum Himmel. »Laß-uns-umkeh-ren, Padraig!« rief er, und die Silben seines Rufes zerbröckelten, als sie über die Wellen flogen.
Unvermittelt ließ Padraig den Poller los und griff nach den Riemen. Kinsella bückte sich und packte gereizt das Heck des Bootes.
»Lassen Sie los!«
»Ich sage Ihnen doch, daß ich Vater Kinsella bin! Der Abt erwartet mich!«
Der Bootsmann ließ das eine Ruder los, riß die eiserne Ruderpinne heraus und schlug flink wie

ein zuschnappender Hund über die Knöchel, die das Heck des Bootes festhielten. Ächzend vor Schmerz nahm Kinsella seine Hand weg. Die Ruderpinne rutschte in ihr Loch, und mit zwei flinken Ruderschlägen schwenkte der Bootsmann das kleine Boot außer Reichweite.

*

»Du siehst nicht wie ein Priester aus, ich kann dich mir einfach nicht als Priester vorstellen«, hatte seine Mutter vor langer Zeit gesagt, als er in seinem zweiten College-Jahr beschlossen hatte, bei Hartmann zu studieren. Obwohl seine Mutter Agnostikerin war, hatte sie, nachdem ihr katholischer Mann gestorben war, die religiöse Erziehung ihres Sohnes fortgesetzt. Sie war bereit, ein Versprechen zu halten. Mit der Zukunft war es etwas anderes, wie ihr Sohn entdeckte, als er ihr seine Absicht mitteilte, katholischer Priester zu werden. Zwecklos, ihr zu erklären, daß sein neuer Held, Gustav Hartmann, als St.-Alban-Mönch in den geistlichen Stand getreten war wie etwa Malraux in der Fünften Republik Staatsminister wurde – keineswegs aus den naheliegenden Gründen, sondern als eine Möglichkeit zu sozialer Betätigung. Hartmann war dadurch für die jetzige Generation südamerikanischer revolutionärer Priester und Nonnen zu einem Bolívar des zwanzigsten Jahrhunderts geworden. Die Kirche, so lehrte Hartmann, existiert heute trotz ihrer Geschichte und ihrer Abhängigkeit von Mythus und Wunder als der wesentliche Organismus, durch den bestimmten Bereichen der Erde die soziale Revolution gebracht werden kann. Aber Kinsellas Mutter, eine Liberale, in den dreißiger Jahren des Jahrhunderts geboren, glaubte nicht an die Verbindung von geistlichem Stand und revolutionären Theorien. Wie der Fischer, der jetzt von ihm wegruderte, konnte sie die Dinge nicht sehen, wie sie wirklich waren.

*

Das Curragh machte neben dem Fischerboot fest. Der Motor des Zehn-Tonners erwachte, der Anker tauchte grollend aus dem Meer auf. Während das Schiff dann aufquirlend kehrtmachte und aufs offene Wasser zuhielt, lief Kinsella den Pier hinauf zu seinem Mietwagen. Er sprang hinein und fuhr in halsbrecherischer Fahrt nach Cahirciveen zum nächsten Telefon. Er war Priester, aber sie wußten nicht, daß er Priester war, weil die Priester, die sie kannten, schwarze Anzüge oder Kleider wie alte Frauen trugen, lange braune Gewänder, Sandalen und dicke Gürtel mit eingeknüpften Rosenkranzperlen. Er mußte telefonieren und ihnen befehlen, das Boot zu wenden und sofort zu ihm zurückzuschicken.

*

Vier Meilen vom Pier entfernt, als er durch die flache, von Gräben durchzogene Landschaft eines Torfmoors fuhr, kam er überraschend an eine Kreuzung. Eine weißgetünchte Hütte stand an der einen Ecke, ihr gegenüber lag eine zweite Hütte, die größer und ebenfalls weiß getüncht war, mit einer großen Scheune dahinter. Im Torweg der größeren Hütte hing ein Schild: P. MCGINN : KONZESSIONIERTER AUSSCHANK VON WEIN UND SPIRITUOSEN. Und ein kleineres Schild, auf gälisch: TELEFON.

*

Hühner stoben erschrocken auseinander, als er in den gepflasterten Hof einbog. Ein Hahn rannte mit baumelndem Kehllappen vorbei und warf in wildem Alarm einen schielenden Blick auf den Wagen. Im Innern der Kneipe war es so dunkel wie am Abend. Zwei irische Arbeiter trugen spekkige schwarze Anzüge – einst ihr Sonntagsstaat, jetzt ihre Arbeitskleidung. Gesichter von der Farbe wie Erdbeermarmelade blickten von hohen Gläsern mit schwarzem Porterbier auf. Hinter der kleinen Bar trocknete ein Mann, rund wie eine Regentonne und in weißem Rollkragensweater, mit einem Leinentuch Gläser ab. »Tag«, sagte er zu Kinsella. »Sieht aus, als gäb's Regen...«
»Ich möchte mit der Insel Muck telefonieren.«
»Die bekommen Sie nicht!«
»Ich bin Priester. Man erwartet mich.«

*

Die Erdbeergesichter der Arbeiter nickten ihren gleichförmigen Gruß, als hätte Kinsella eben erst die Kneipe betreten. »Tag, Vater«, plärrten sie einstimmig. Der Kneipenbesitzer hinter der Bar hob den Hörer von einem Apparat mit Handkur-

bel, kurbelte und sprach in einer Sprache, die Kinsella für Gälisch hielt. Dann: »Bitte, Vater! Da ist es!«
Die knarrende Insel-Stimme. »Was? Was ... Padraig hat Sie nicht mitgenommen? Ach, das ist aber ein Pech!« Und über den Draht schlug ihm keuchendes Gelächter ans Ohr. »Wußte nicht, daß Sie ein Priester sind? Gott steh uns bei! Tut mir leid, Vater, aber Sie müssen verstehen, bei dem Unwetter da hinten können wir Sie heute nicht mehr herüberholen ... Was? Was?«
Er mußte schreien. In dem kleinen, nach Hopfen stinkenden Raum wurde er von drei Gesichtern angestarrt. »Schicken Sie das Boot wieder her! Ich muß *heute* hinüber. Es ist dringend!«
»Ja, gut, Vater. Sobald das Wetter sich aufklärt. Verstehen Sie? Verstehen Sie?«
Störgeräusche. Stille. Dann eine Mädchenstimme: »Sie sind unterbrochen worden, Vater. Auch bei gutem Wetter ist die Verbindung schlecht. Wenn Sie wollen, kann ich's später nochmal versuchen?«
»Ich rufe Sie an«, sagte er und legte den Hörer auf.

*

Die Gesichter wandten sich ihm zu. Anders als die Menschen in zivilisierteren Gegenden taten sie nicht so, als hätten sie nicht mitgehört. Erdbeerfarbene Backen blähten sich grinsend. »So, Padraig hat Sie nicht mitgenommen?« sagte der Besitzer. »Ist ja ein toller Witz!«
Das war's auch. Sie lachten.
»Die Burschen auf der Insel«, erklärte der Besitzer, »die kommen nämlich niemals raus. Haben keine Ahnung, daß die Priester hier bei uns genauso aussehen wie wir. Mit Verlaub, Vater. Sind Sie Amerikaner?«
»Ja.«
»Ein feines Land, ja. Morgen können Sie rüber. Ich glaube, es wird sich aufklären.«
»'s wird sich aufklären«, versicherte einer der Arbeiter.
»Wieviel schulde ich Ihnen für das Telefon?«
»Oh, gar nichts!«
»Danke! Besten Dank!«
»Tag, Vater!«
»Tag, Vater!«
»Nochmals besten Dank«, sagte Kinsella.

*

Draußen auf dem gepflasterten Hof zickzackten Hühner vorsichtig um seine Füße. Er schaute zur Straßenkreuzung, wo, ihre Konturen verwischend, der Fuß eines Regenbogens stand. Der Regenbogen schwang sich empor, entfernte sich und verschwand schließlich hinter einer Bergkuppe. Regentropfen pochten eine erste Warnung. Die Hühner stelzten zu ihrem Unterschlupf. Dann fiel der Regen, schwoll an zu einer dichten Flut. Als Kinsella sich in den schützenden Torweg der Kneipe zurückzog, knallte über ihm der erste Donner. Gewitterwolken häuften sich über dem fernen Gebirge und rückten vor, um vom Himmel Besitz zu ergreifen.

*

Ihn fror. Er dachte an Hartmann im Regenwald Brasiliens. Er hielt wieder nach dem Regenbogen Ausschau, aber der hatte sich schimmernd im jähen Wolkenbruch verflüchtigt. Er war in dieser einsamen Gegend erschienen und wieder verschwunden, einer Gegend, die ihn in ihrer mittäglichen Finsternis an eine Beckett-Landschaft erinnerte. Wladimir und Estragon hätten an dieser Stelle auf

Godot warten können. Es war, als hätte der Regenbogen dort drüben in der Mitte des weißen Kreuzes geendet, das die zwei Betonbänder der Landstraßen bildeten. In solchen Erscheinungen erkannten die Leute früher ein Zeichen Gottes. Er wandte sich ab und kehrte in die Kneipe zurück.

II

Der Helikopter trieb über die Straßenkreuzung, die Kneipe und den Hof, dann neigte er sich leicht vornüber und flog mit Rückenwind weiter, um auf einem Feld am Rande des Hochmoors zu landen. Die Drehflügel rotierten mit voller Startgeschwindigkeit, als Kinsella im monotonen Sprühregen des Nachmittags zur Maschine eilte und sich unter die großen Propeller duckte. Der Pilot schob die Tür auf und streckte ihm die Hand entgegen, um ihn hinaufzuziehen. Er setzte sich und schnallte seinen Sicherheitsgurt um. Die Tür wurde geschlossen. Der grünweiße Helikopter stieg auf wie eine riesige Libelle, der Wind seiner Drehflügel peitschte die Ginsterbüsche auf dem Feld platt. Seine Beine, die in ihren Gelenken eingeknickt waren, versteiften sich und wurden eingezogen, als er höherstieg. Er schwebte einen Augenblick lang, neigte sich dann vornüber und flog aufsteigend davon.
Von unten schauten die drei Gesichter der Arbeiter und des Wirtes wie Monde auf. Sie winkten wie Kinder, als der Hubschrauber über sie hinwegtaumelte. Und waren verschwunden. Kinsella sah den Piloten an, einen jungen Mann, etwa so alt wie er selbst, dunkelhaarig und mit einem Lächeln auf dem Gesicht. Er starrte in den Regen und Nebel hinaus. Der Pilot trug als Uniform einen

schwarzen Overall, jedoch mit auffälligen Verzierungen aus Goldlitze auf den Ärmeln und den Schultern – und auf der Mütze ein goldenes Wappen. Wie ein Admiral der alten Zeit herausgeputzt, schien er eine wichtige Persönlichkeit zu sein. Kinsella dachte über die Zeiten nach: Kardinäle gingen schäbig in Zivil – Mietlinge aller Art hatten die falsche Prachtentfaltung ihres Ranges noch gesteigert.

*

»Sind Sie schon mal auf der Insel gewesen?« schrie er dem Piloten zu.
»Nein. Aber ich bin drübergeflogen.«

*

Donner. Blitze flammten über den Himmel. Nach drei Minuten waren sie über dem Ozean, über einer rauhen See, die von Regenböen zernarbt war, doch weiter voraus, im Westen, senkte sich ein Sonnenstrahl wie ein Bühnenscheinwerfer. Der

Pilot zeigte in seine Richtung, griente und zwinkerte, um anzudeuten, das sei ein gutes Zeichen. Kinsella nickte. Drei Stunden hatte er gereizt auf den Hubschrauber gewartet und sich gesorgt, ob der die einsame Straßenkreuzung finden würde. Nun, da er wieder in Aktion war, hoch in Lüften und mit einiger Geschwindigkeit unterwegs, kehrte seine Zuversicht zurück. Er wollte diplomatisch, aber fest auftreten. Wenn er Glück hatte, konnte er noch vor Anbruch der Nacht die Zustimmung erhalten.

*

Jetzt waren sie über der Insel, ratterten über den verlassenen Strand, den feinen grauen Sand, die grünen, grasbewachsenen Dünen und – am Rande der gekrümmten Bucht – über einen Hafen mit Steinpier und zwei vertäuten Fischkuttern. Das eine war der Zehn-Tonner, der ihn am Vormittag abgewiesen hatte. Hinter dem Pier lag die Ruine einer mittelalterlichen Burg, die strategisch auf einer grünen Landzunge errichtet war und den Zugang von der See her beherrschte. Er deutete darauf, und der Pilot nickte, flog höher und ließ den Hubschrauber über dem Schlund der ungedeckten Burg schweben.

*

»Das Fort der Granuaile!« schrie der Pilot.
»Was?«
»Sehr alt. Grace O'Malley hat es gebaut und hier gewohnt.«
»Wer?«
»Grace O'Malley. Die Meerkönigin. Granuaile.«

*

Der Hubschrauber kreiste über der Landzunge und flog das Rückgrat der Insel entlang, über das Dorf und das angrenzende Fort. Das Dorf bestand aus einer Straße mit einem Dutzend weißgetünchter Hütten und von Hühnern betupfter Hinterhöfen, wo Schuppen aus grobem Feldstein Tiere und Geräte beherbergten. Als Kinsella hinunterspähte, liefen zwei kleine Kinder hinaus, schauten hinauf und winkten. Von dem Dutzend Häuser um die Straße waren vier aufgegeben, die Fenster zerbrochen, und die Dächer hatten Löcher. Im stürmischen Wind bockte der Hubschrauber und torkelte ruckartig weiter – über winzig kleine Felder, die durch Mauern aus grob übereinandergetürmten Felsblöcken in zackige Vierecke unterteilt waren. Eine von jeher ungepflasterte Straße führte zu zwei anderen, längst verlassenen Gehöften. Der Hubschrauber benutzte die Straße als Richtzeichen, kurvte über der Bucht, erkletterte einen Hügelhang zu einem Bergpaß, tauchte in den Paß, war umgeben von Wänden grauer, grotesker Felsen und dann plötzlich im Freien, von Schönheit: der westliche Abhang der Insel mit der Abtei, so wie es der alte Führer beschrieb, auf einem Vorsprung, *mit einem herrlichen Ausblick auf das weite Meer. Vom Turm der Abtei sieht man auf graue Wellen hinab, die sich an dem kahlen Felsgestein brechen.* Der Hubschrauber, diese seltsame Libelle, kreiste und ließ sich auf einem Feld links vom Kloster nieder, wo, während er zur Ruhe kam, die Drehflügel das Gras fächelten, und wo er seine merkwürdigen Beine spreizte und sich vornüberneigte, um im Gleichgewicht zu bleiben, als er den Boden berührte. Die Tür aus Plexiglas glitt auf. Die Drehflügel waren jetzt zu erkennen, wirbelten durch ihren Kreis und wurden langsamer.

*

»Sollten die Brombeeren in die Gläser und die Johannisbeeren in die Steinkrüge? Oder war's genau umgekehrt?«
Bruder Paul, erfüllt von der anspruchsvollen Dringlichkeit, welche die Beschäftigung kleiner Geister heimsucht, trat, ohne anzuklopfen oder um Erlaubnis zu fragen, ins Wohnzimmer des Abts über der Kanzlei der Abtei. Der Abt blickte durch die schmale Öffnung eines Fensters aus dem dreizehnten Jahrhundert; er antwortete nicht sofort. Als er es tat, sagte er: »Brombeeren – Gläser!«
»Aha, da hab' ich also recht gehabt. Hab's mir doch gedacht – die Brombeeren in die Gläser! Möchten Sie jetzt selbst nach unten kommen und sich das Eingekochte anschauen?«
»Wir haben einen Gast«, sagte der Abt.
»Einen Gast?« Bruder Paul erschrak. »Ach wirklich? Padraig ist doch heute früh losgefahren und leer zurückgekommen. Und bei dem Wetter ist kein anderes Boot gelandet.«
Doch der Abt schien ihn nicht zu hören. »Sein Worpelblatt macht snickersnack«, zitierte der Abt. »Das wäre eine gute Beschreibung des Hubschraubers da draußen!«

»Des was…?« Bruder Paul huschelte ans Fenster. »Oh, das ist der Kahn aus Dingle! Hab' ihn wer weiß wie oft gesehen, wenn er über uns weggeflogen ist. Ist er kaputtgegangen oder was? Warum ist er gelandet?«
Der Abt sah Paul an. »Haben Sie ihn nicht gehört, wie er vor einer Minute über uns hinwegflog?«
Paul wurde rot. Er war schwerhörig und schämte sich deswegen, und er konnte nicht gut lügen. »Wie sollt' ich ihn wohl hören, wenn ich unten in der Wärmstube sitze und die Stiele von den Beeren rupfe?«
»Gehen Sie jetzt wieder hinunter«, sagte der Abt, der plötzlich von Paul genug hatte. »Ich muß mich um unseren Gast kümmern.«
Aber Paul zauderte: in der Zwinge des schmalen, mittelalterlichen Fensters steckte sein Kopf dicht neben den des Abts. »Das ist doch sicher nicht der Priester aus Rom?«
»Ich glaube doch, daß er es ist.«
»Sie müssen besondere Kleider anziehen, wenn sie in so einem Dings fliegen«, erklärte Bruder Paul. Es war ein Jahrzehnt her, seit er aufs Festland gefahren war, und geflogen war er noch nie.
»Ja.« Der Abt löste sich vom Fenster. »Gehen Sie jetzt und sagen Sie Bruder Martin, er möchte den

Gast sofort zu mir führen. Warum soll ich die Treppe zweimal hinaufsteigen!«
»Ja, dann werd' ich jetzt gehen«, sagte Bruder Paul.
Der Abt kehrte sich wieder zum Fenster. Der Motorenlärm des grünweißen Hubschraubers wurde stärker, die Propeller wurden unscharf und dann unsichtbar. »Das wilde Flegelvieh«, dachte der Abt bei sich. Der Hubschrauber stieg, hob sich ein paar Meter übers Gras und zögerte, als warte er auf Anweisungen. Nach einer Orientierungspause neigte er sich nach vorn, stieg auf und zog aufs Meer hinaus. Er wird über Nacht bleiben, dachte der Abt. Ich werde Vater Manus bitten, uns Lachse aus dem Pool zu holen. Der Himmel hellte sich auf, doch weiter draußen vor Slea Head braute es sich zusammen. Es würde wieder regnen.

*

Er hörte unsichere Schritte, die unter seinem Wohnzimmer die steinerne Wendeltreppe heraufkamen, und hörte – wie vorauszusehen – Martins warnende Stimme: »Die neunte Stufe ist höher

als die andern, Vater! Wurde früher Stolperstufe genannt. Geben Sie acht!«
»Danke!« sagte der Gast mit seiner amerikanischen Stimme – der gleichen Stimme, die der Abt am Telefon gehört hatte. Schritte erreichten das Ende der zweiten Treppe. Gut! Es wäre unpassend, Rom zum Stolpern zu bringen. »Bitte hier entlang, Vater!« rief der Abt.

*

Für Kinsella war es schwindelerregend und verwirrend, sich durch den kalten, steinernen Turm hinaufzuwinden und dann durch die enge Tür ins Wohnzimmer zu gelangen, so daß er die zum Willkommen ausgestreckte Hand des Abts zunächst verfehlte.
»Guten Tag, Vater!« Die Stimme des Abts klang sehr sanft.
»Verzeihung, guten Tag! Entschuldigen Sie! Ich freue mich, Sie kennenzulernen, Vater Abt!«
»Padraig hat Sie also am Pier stehengelassen! Er ist ein Holzkopf, der Bursche! Tut mir leid, daß Sie soviel Mühe hatten!«
»Es war nicht seine Schuld. Er konnte nicht wissen, daß ich ein Priester bin.«

»Aber hergekommen sind Sie trotzdem. Sehr pfiffig! Denken Sie, Vater, es ist das erste Flugzeug, gleich welcher Art, das je auf Muck gelandet ist. Sie haben uns das Symbol des Jahrhunderts hergebracht. Dabei dachte ich, wir würden das Jahrhundert beenden und sagen können, wir wären an unserer Zeit vorbeigegangen!«
»Hätten Sie das vorgezogen, Vater Abt?«
»Was denn?«
»Unser Jahrhundert verpaßt zu haben – in einer anderen Zeit geboren worden zu sein?«
»Ich glaube nicht«, erwiderte der Abt. »Wenn wir zum Beispiel im achtzehnten Jahrhundert gelebt hätten, wäre uns die Ausübung unserer Religion von den Engländern verboten worden. Und das neunzehnte Jahrhundert war nicht viel besser. Die Vergangenheit war nicht die beste Zeit hier für einen katholischen Priester – es sei denn, man hatte geradezu ein Verlangen danach, ein Märtyrer zu werden.«
»Ja, natürlich. Das vergaß ich«, sagte Kinsella. »Übrigens habe ich einen Brief für Sie – vom Vater General. Und das hier ist mein ökumenisches Ermächtigungsschreiben. Vielleicht möchten Sie einen Blick hineinwerfen?«
Das wollte der Abt allerdings. Er streckte die Hand aus. »Sie haben ja einen irischen Namen«,

sagte er, während Kinsella seine Kuriertasche öffnete.
»Ja.«
»Der Name ist in der Grafschaft Mayo geläufig.« Der Abt nahm die Briefe und schob sie wie ein Briefträger zusammen, als er damit zu seinem Schreibtisch ging. Er setzte sich und öffnete sie mit einem Federmesser, breitete sie aus und las sie aufmerksam. Als Kinsella versuchte, ihn zu »studieren«, fielen ihm zuerst unter der schweren braunwollenen Kutte die schwarzen Bauernstiefel mit der doppelten Ledersohle und den großen Schuhnägeln auf, dazu die weißen Wollsocken, deren Rand über die gewaltigen Stiefel gestülpt war. Natürlich konnten die Mönche hier in der Kälte keine Sandalen tragen. Und gleichermaßen hingen hinter der Tür schwarzes Ölzeug und der schwarze Südwester, wie ihn die Fischer trugen. Was für Stiefel! Was für ein Hut! Ein Mann des praktischen Lebens! Die Hände, die ungelenk die Blätter des ökumenischen Ermächtigungsschreibens hielten, waren Arbeiterhände, von alten Wunden verkrustet, die Nägel doppelt dick und mit schwarzem Rand. Ein dünner Hals, ein großer Adamsapfel, der sich in der Fassung eines zu weiten Kragens auf und ab bewegte. Das graumelierte Haar des Abts war sehr kurz geschnitten, und zusam-

men mit den tief in den Höhlen liegenden Augen, die von seinem verwitterten Gesicht durch ein Gespinst heller Runzeln getrennt waren, sah er ganz wie ein Seevogel aus, vielleicht wie ein Fischadler. Doch als er das ökumenische Ermächtigungsschreiben beiseitelegte und den Brief des Generals aufmerksam zu lesen begann, glaubte Kinsella noch etwas anderes zu sehen. In diesem bescheiden gekleideten alten Mönch steckte ein Geist, eine Kraft, die Kinsella an ein Bild erinnerten, das er in Venedig gesehen hatte: Bastianis Porträt des Dogen Francesco Foscari, des edlen Kaufherrn und vollendeten Politikers. Nein, es würde nicht einfach sein.

*

»Ein Glückstag!« rief der Abt freudig und hielt den Brief des Ordensgenerals hoch, um ihn im Licht vom Fenster her besser lesen zu können. »Ich bin fünfundvierzig Jahre lang ein St.-Alban-Mönch gewesen, und das ist das erste Mal, daß ich die Unterschrift unseres Vater Generals in Händen halte. Wirklich ein Glückstag! Wie schade, daß es ein Brief mit einer Rüge sein muß!«

»Ich kann Ihnen versichern, daß er nicht so gemeint ist!«
»Sie haben recht. Der Ton ist nicht unfreundlich«, sagte der Abt. »Aber wenn das Hauptquartier jemandem seine Aufmerksamkeit zuwendet und man in so einem Ort wie dem hier lebt, dann kann man mit ziemlicher Sicherheit annehmen, daß man in der Tinte sitzt.«
Kinsella lachte.
»Wissen Sie, wie wir in Irland einen Ort wie den hier nennen? Die Rückseite von Nirgendwo. Dort befinden Sie sich jetzt. Auf der Rückseite von Nirgendwo!«
»Eine großartige Bezeichnung!«
»Aber bedenken Sie«, sagte der Abt, »vor ein paar hundert Jahren lag kein einziger Ort in christlichen Ländern auf der Rückseite von Nirgendwo. Damals hatte der Papst wahrhaftig einen sehr langen Arm. Ich zeige Ihnen etwas, das vor zwanzig Jahren hier auftauchte – unter einem Haufen alter Sachen, die beiseitegelegt und dann vergessen wurden. Es wird Ihnen Spaß machen. Ich meine, der Behälter.« Der Abt zog an einer Seitenschublade seines Schreibtisches. Sie öffnete sich quietschend, weil wenig benutzt. Aus der Schublade holte er eine flache Blechschachtel, auf deren Deckel das bunte Bild eines bärtigen britischen Matrosen

der alten Zeit zu sehen war. Und die Aufschrift: *Player's Navy Cut Cigarettes*. »In den Tagen, als eine Menge Leute Zigaretten rauchten – Stummel hießen sie in Irland –, hatten wir einen alten Laienbruder, der furchtbar gern rauchte, und als er das hier fand, glaubte er natürlich sein Glück vollkommen. »Fünfzig Stummel, Vater!« sagte er zu mir und freute sich wie ein Schneekönig. »Und siehe da, als er sie dann aufmachte« – der Abt öffnete die Schachtel – »fand er dies hier!« Der Abt holte etwas heraus, das in Seidenpapier eingewickelt war. Er wickelte es aus und zeigte Kinsella ein Wachssiegel. »Schauen Sie sich's an!« Kinsella nahm das Siegel und faßte es behutsam an wie einen Sanddollar. In braunes Wachs waren Buchstaben eingepreßt:

pius
papa
II

»Im Jahre 1463 kam das Siegel hierher – auf einem Brief. Das Datum ließen wir von jemandem in Rom feststellen. In jenem Jahr schrieb Papst Pius II. an Walter Tobar, den Abt von Muck, um ihm mitzuteilen, in Kerry gebe es ein Dekanat, das offenbar ein Mann innehielt, der keinen kanonischen Titel hatte. Der Papst verlangte vom Abt, er solle sich den Mann vornehmen und ihm einen Denkzettel erteilen. Und der Abt tat, wie ihm befohlen war.«

Sein Lachen ging in einen Hustenanfall über. »Da sehen Sie also, wenn eine Nachricht von so weither kommt, bedeutet es meistens Verdruß für den einen oder anderen. Wie, Vater?«

Kinsella lächelte und gab das Siegel vorsichtig zurück. Der Abt verwahrte es in der Blechschachtel. »Eine Tasse Tee?«

»O nein, danke!«

Der Abt verstand es auf irische Art zu würdigen und entschied auf irische Art, daß die Ablehnung pure Höflichkeit war. »O doch!« sagte der Abt. Er rief hinunter: »Bruder Martin?«

»Jawohl.«

»Bringen Sie uns eine Tasse Tee, ja?«

»Zweimal Tee«, drang Martins brummelnde Stimme herauf. Nachdem das erledigt war, hob der Abt wieder den Brief des Generals auf. »Ich bin ein Mensch, der alles Wichtige mindestens zweimal lesen muß.«

»Lesen Sie nur!«

Während der Abt den Brief noch einmal las, blickte sich Kinsella im Zimmer um. Es war ein großer Wohnraum mit hoher Decke, der irgendwo über der Sakristei der Abtei liegen mußte. Drei schmale Fenster blickten aufs Meer. Die von Mön-

chen gefertigten Möbel waren praktisch, aber ohne besonderen Stil. An den Wänden Regale mit Hunderten von Büchern, die sich zum Teil über Tische ergossen und in entfernten Winkeln aufgestapelt waren. Erstaunlicherweise war der eine Tisch mit alten grünen Taschenbuch-Krimis bedeckt. An der Wand rechts vom Abt standen drei Steintafeln, keltisch, siebzehntes Jahrhundert, Heilige oder Apostel, von erlesener Schönheit. Ihre Einfachheit wurde noch hervorgehoben durch einen scheußlichen Öldruck, der sich stolz auf seinem Platz hinter dem Schreibtisch des Abts behauptete: ein viktorianisches Gemälde von einem Schiff auf sturmdurchtoster See unter einem Himmel, der sich auftat für die betende Jungfrau Maria in blauweißen Gewändern, während sie ihren himmlischen Sohn um Schutz für das Schiff anflehte.
Auf einem Fenstersims standen fünf große Holzschachteln mit Spielen, jede in Kursivschrift gekennzeichnet.
Schach I
Schach II
Dame (zwei Spiele)
Domino (1)
Domino (unvollständig)
»Haben Sie hier einen Fernsehapparat?«

Der Abt unterbrach sich in seiner Lektüre.
»Manchmal, wenn etwas Besonderes in der Welt geschieht, ziehen wir Lose, und fünf von uns fahren mit dem Fahrrad zu Dorans Laden am Strand unten. Dort haben sie einen Fernsehapparat.«
Er schwieg.
»Aber nicht mehr als fünf, Dorans Laden ist eher klein.«
»Sie wissen natürlich, Vater Abt, daß vor ein paar Monaten in einem weitreichenden Fernsehprogramm der BBC für die Messe auf Mount Coom und die nach Cahirciveen reisenden Pilger Propaganda gemacht wurde?«
»Allerdings. Wir haben ja Hunderte von Briefen erhalten. Ich hatte keine Ahnung, daß die lateinische Messe so beliebt ist. Denken Sie, dadurch kamen wir auf eine neue Bußübung. Wenn einer von uns sich vor dem Kapitel eines Vergehens bezichtigt, muß er jetzt ein paar von den Briefen beantworten.«
Schritte. Stämmig und schnaufend tauchte Bruder Martin aus dem Treppenschacht auf. Zwei schwere Porzellannäpfe, groß wie Suppenterrinen, standen auf einem Holztablett. Sie waren mit starkem Tee gefüllt. Daneben Milch, Zucker, ein Messer, ein Topf Brombeermarmelade. Und zwei Teller, jeder mit einer dicken Scheibe Weißbrot.

»Möchten Sie ein Ei dazu?« fragte Bruder Martin und stellte das Tablett auf den Schreibtisch des Abts.

»Nein. Es gibt Lachs zum Abendessen, falls Bruder Manus ein paar im Pool finden kann.«

»*Lachs?*«

»Ja, Lachs. Vater Kinsella ist den ganzen weiten Weg von Rom hergekommen. Ein festlicher Anlaß, Martin!«

Bruder Martin wandte sich an Kinsella. »Das Brot haben wir selbst gebacken. Irisches Sodabrot.« Er ging die Treppe hinunter.

»Der arme Martin! Er wird schon alt. Wie wir alle hier. Ich erinnere mich, daß ich voriges Jahr zu Vater Matthew, unserem Novizenmeister, sagte: ›Wenn Sie Ihr Amt aufgeben, werden wir das Amt ganz und gar aufgeben.‹ Denn nicht einen einzigen Novizen habe ich kommen sehen. Aber nach dem Fernsehprogramm hatten wir alle möglichen Anfragen. Glauben Sie mir, ich könnte jetzt genug junge Männer aufnehmen, um ein ganzes Regiment aufzustellen.«

»Das bedeutet vermutlich eine Erleichterung?«

»Eine Erleichterung?« Der Abt hielt inne und blickte über den Rand seiner Teeschale. Er hielt sie nach der Manier des achtzehnten Jahrhunderts: den Zeigefinger über den Rand gelegt.

»Ich meine, die Aussicht, Zuwachs bekommen zu können.«

»Nein, keineswegs«, sagte der Abt, setzte seine Teeschale hin und wandte sich dem Brot und der Marmelade zu.

»Sind Sie denn nicht um Nachwuchs besorgt?«

»Nein, allerdings nicht. Das Leben auf der Insel ist hart. Fischen, Seetang trocknen und ein paar Kartoffeln anbauen. Es regnet sehr häufig. Das Klostergebäude ist kalt; es richtig zu heizen ist unmöglich. Und wir wissen oft nicht, wie wir durchkommen sollen.«

»Aber ist das nicht die Idee eines mühevollen Lebens? Ich meine: wenn die Männer erkennen, daß ein Ziel die Mühe lohnt, werden sie dazu bereit sein.«

»Ganz richtig.« Der Abt strich Brombeermarmelade auf sein Brot. »Aber das Mönchsleben sieht oft anders aus, wie Sie ja auch wissen, Vater Kinsella. Was mich betrifft, möchte ich alle Geistlichen in zwei Gruppen einteilen: in Bekehrer und Beter. Oder in Missionare und Mönche, wenn Sie so wollen.«

»Mönche können doch sicher auch Missionare sein?«

»Nicht auf der Insel Muck. Es erfordert eine besondere Berufung, in einem Ort wie dem hier zu

leben. Nicht viele haben sie. Ich selbst habe sie nicht, denke ich manchmal.«
»Aber Sie haben den größten Teil Ihres Lebens als Erwachsener auf der Insel verbracht.«
»Das bedeutet noch nicht, daß ich's gern mag.«
»Würden Sie lieber anderswo sein?«
»Das habe ich nicht gesagt.«
»Verzeihung. Natürlich nicht.«
»Die Brombeermarmelade ist vom vorigen Jahr«, sagte der Abt. »Bruder Paul ist jetzt unten in der Wärmstube und füllt die diesjährige Marmelade ein. Er denkt an seine Marmelade. Er denkt an nichts anderes. Ich möchte behaupten, Bruder Paul hat eine wahre Berufung für ein solches Dasein.«
Kinsella biß in sein Brot. »Und seine Marmelade ist köstlich!«
»Stimmt!«
»Ich glaube, daß ich zum Missionarstyp gehöre«, sagte Kinsella. »Mein größter Wunsch war, nach Südamerika geschickt zu werden.«
»Aha, wie Vater Gustav Hartmann. Muß ein prächtiger Mann sein.«
»Das ist er.«
»Sie sind also nach Südamerika gegangen?«
»Nein. Aber ich habe bei Vater Hartmann in Boston studiert. Er ist jetzt verkrüppelt. Wußten Sie das?«

»Nein, das habe ich nicht gewußt.«
»Er wurde so oft gefoltert. *Pau de arara.* Schließlich brachen ihm die brasilianischen *militares* das Rückgrat.«
»Ich würde ihn gern kennenlernen«, sagte der Abt. »Spricht er oft von Gott?«
»Wie meinen Sie das, Vater Abt?«
»Ich weiß nicht recht. Vergessen Sie's! Nein, was ich eigentlich meinte...« Der Abt machte eine Pause, als dächte er nach. »Ist er ein Seelenfänger? Oder geht's ihm um das Wohl der Menschheit?«
»Ich würde sagen: letzteres.«
Der Abt nickte. »Das habe ich vermutet. Natürlich kann ich da nicht viel mitreden. Ich selbst hatte nie den Drang zum Missionieren.«
»Aber wie Sie sich für die alte Messe einsetzen und für das Fortbestehen des lateinischen Ritus – das könnte man doch bestimmt als missionarischen Geist bezeichnen?«
»Ich dachte mir schon, daß Sie das im Sinne hatten«, sagte der Abt und lachte. »Kommen Sie, wir können einen kleinen Rundgang machen! Der Regen hat aufgehört, und ich möchte den Lachs für unser Abendessen bestellen. Sie bleiben doch über Nacht?«
Kinsella zauderte.
»Ach, natürlich! Was haben Sie dem Mann mit dem Helikopter gesagt?«

»Ich sagte, daß ich ihn anrufen würde, wenn ich zum Aufbruch bereit wäre. Er kann in ungefähr einer Stunde hier sein.«

»Dann ist's Zeit genug, wenn Sie ihn morgen früh anrufen.« Der Abt stand auf und holte sein Ölzeug und den Südwester vom Haken hinter der Tür. »Denken Sie beim Hinuntergehen an die bewußte Stufe!«

*

Am Fuße der Treppe führte eine Tür in die Sakristei. Sie gingen hindurch und erreichten den Kreuzgang. Der Abt schritt rasch aus; seine benagelten Stiefel hallten auf den Steinplatten des Ganges wider. Dann bog er in einen Durchgang, der ins Refektorium führte, einen großen, kahlen Saal, an dessen Wänden sich roh gezimmerte Refektoriumstische und -bänke aufreihten. In der anstoßenden Küche saßen zwei Mönche vor einem riesigen Berg Kartoffeln und schälten. Über dem Feuer hing ein eiserner Topf, so groß wie der Kochtopf eines Witzblatt-Kannibalen. Vom Torffeuer her wehte ein angenehmer Geruch.

Einer der beiden alten Mönche blickte auf und

lächelte dem Gast zu. Es sah aus, als besäße er nur noch die zwei oberen Schneidezähne. »Tag«, grüßte er. »Es klärt sich auf, wie mir scheint.«
»Doch, ja«, sagte der andere alte Mönch.
»Wo ist Vater Manus?«
»Hab' gehört, daß er 'n paar Fische holen geht«, sagte der eine alte Mönch. Der andere kicherte.
»Recht so«, sagte der Abt. »Dann können wir ja mal nachsehen, was er rausgeholt hat.«
Eine Tür, die schwer und starr in eisernen Angeln hing, schwang auf, und sie standen im Freien, auf einem abschüssigen Feld, und blickten hinunter auf die grauen Felsen und auf die herrliche Weite des Meeres. Unten führte ein Pfad zu einer kleinen Bucht. Vier schwarze Curraghs lagen umgekippt auf einem Felsenriff. Sie sahen einen Mann im Ölzeug, der einen Fischkorb trug und sich langsam den Strand entlangmühte. »Kommen Sie mit nach unten!« sagte der Abt zu seinem Gast. »Ich glaube, das ist unser Fisch!«

*

Als sie den Pfad hinunterstiegen, sagte er: »Der Mann mit dem Fischkorb ist Vater Manus. Eine herzensgute Seele. Er ist der Priester, der an jenem

Sonntag, als die Fernsehleute kamen, die Messe las. Die anderen Mönche hänseln ihn jetzt. Die Reporter versuchten, ihn fürs Fernsehen zu interviewen, aber er wollte nicht sprechen.« Der Abt stieß einen Stein aus dem Weg. »Zu Ihnen wird er schon sprechen, nur keine Angst! Ich warne Sie: er ist geradezu scharf darauf, mit Ihnen zu reden. Immerhin, deswegen sind Sie vermutlich hergekommen. Für Erklärungen – hat's der Vater General nicht so genannt?«
»Ja.«
»Maaaa-nus! Hast du einen Fisch?«
So laut er rief, der Wind nahm seine Stimme und trug sie fort. Unerbittlich dröhnte das Meer auf graugrüne Felsen. Der Mann im Ölzeug hatte ihn gehört und hielt seinen Korb hoch.
»Wir haben unseren Fisch«, sagte der Abt.
»Fein!«
»Wenn Manus einen Lachs fängt, setzt er ihn in ein Becken mit Meerwasser, und am Tag darauf, wenn das Boot hinüberfährt, verkaufen wir ihn: auf dem Festland. Lachs erzielt einen hohen Preis. Daher ist das heute abend ein besonderer Luxus, wenn wir selber den Lachs essen. Solche Dinge« – der Abt drehte sich um und sah den Pfad hinauf, um mit seinen Fischadleraugen in Kinsellas Gesicht zu forschen –, »solche kleinen Dinge halten

uns hier bei der Stange. Wie die Marmelade, von der ich sprach. Verstehen Sie mich? So etwas ist die Marmelade in unserem Dasein.«
Dann drehte er sich um und ging weiter bergab, ein schwerer alter Mann in schwarzem Ölzeug, den Kopf im Südwester versteckt.

*

Während dem Bedürfnis Ihrer speziellen Ordenskongregation durch Beibehaltung der lateinischen Messe gedient sein mag, so ist dennoch, wie Vater Kinsella Ihnen erklären wird, Ihr Vorhaben, die ältere Form weiterhin anzuwenden, in der heutigen Welt ganz besonders leicht der Mißdeutung als einer vorsätzlichen Nichtbeachtung des Aggiornamento-Geistes unterworfen. Eine solche Mißdeutung kann und wird aufkommen, nicht nur innerhalb der kirchlichen Institutionen selbst, sondern auch innerhalb der umfassenderen Institutionen der ökumenischen Bewegung. Das macht uns besonders zum jetzigen Zeitpunkt Sorge angesichts der apertura, möglicherweise des bedeutendsten historischen Ereignisses unseres Jahrhunderts, wenn eine gegenseitige Durchdringung des

*christlichen und des buddhistischen Glaubens sich
zu verwirklichen beginnt.
Aus all diesen Gründen möchte ich abschließend
bemerken, daß Vater Kinsella bei Ihnen ist, um
sich Ihre Erklärungen anzuhören, und daß es sich
von selbst versteht, daß seine Entscheidung die
meinige und als solche unwiderruflich ist.*

*

Natürlich, der Vater General hatte nicht in seiner
Muttersprache schreiben können. »Erklärungen«
war ein unglücklich gewähltes Wort. Kinsella beobachtete
den Abt, wie er vom Felsen auf den
Strand sprang, wuchtig, aber sicher landete und
durch den regenfeuchten Sand schritt, um dem
anderen Mönch entgegenzugehen, dessen Habit
tropfnaß unter dem schwarzen Ölzeugmantel
hing. Ich würde mich über den Ton im letzten
Abschnitt ärgern. Und das hier ist ein Abt, der
seinen eigenen Provinzial ein gutes Dutzend Jahre
ignoriert hat. Was wird, wenn er auch mich ignoriert?
Als der Bischof von Manáos Hartmann als
falschen Priester denunzierte, wurde er aus der
Stadt verbannt, und stromaufwärts weigerten sich

die Dorfbewohner, ihm Essen zu geben. Doch er blieb, aß die Wurzeln der Wildnis und wartete im Regenwald, bis er die Macht des Bischofs entkräftet hatte. Was könnte *ich* in dieser gottverlassenen Gegend anfangen?

*

»Hallo!«
Der andere Mönch grinste und hielt dem sich nähernden Abt den offenen Fischkorb hin. Drei große, silberschuppige Lachse lagen auf einem Bett aus grünem Moos. Der grinsende alte Mönch, wie auf einem vor langer Zeit aufgenommenen Schulfoto festgehalten, schien sich irgendwie die linkische, knabenhafte Grazie seiner Jugendjahre bewahrt zu haben.
»Nun, Vater Abt, wie gefallen Ihnen die hier?« fragte er und wandte sich dann nickend und grinsend an Kinsella, als wollte er ihn auffordern, einen tollen und offensichtlichen Spaß mit ihm zu teilen.
»Die könnten recht sein«, sagte der Abt und spielte, während er den Korb hochhielt, mit Ernst seine Rolle. »Ja, ich würde meinen, sie dürften

sogar sehr recht sein, Manus! Und das hier ist Vater Kinsella, der den weiten Weg von Rom hergekommen ist. Vater Manus, unser bester Fischer!«

»Hallo«, sagte Kinsella.

»Von Rom? Dann sind Sie also der Mann von Rom? Das hätte ich nie vermutet!«

»Was hatten Sie denn erwartet?«

»Nun ja, einen älteren Mann. Einen richtigen Oberfeldwebel! Und viel eher einen Italiener oder was in der Richtung. Sie sind Amerikaner, nicht wahr?«

»Ja.«

»Jedenfalls freue ich mich, Sie zu sehen. Gott verzeih mir, ich freue mich ja überhaupt nicht! Wir harren alle in Furcht und Zittern, was Sie hier tun werden.«

»Manus!« Der Abt amüsierte sich und versetzte Vater Manus einen Schlag zwischen die Schulterblätter. »Beherrschen Sie sich, Mann! Sie sind ja der Gipfel! Als Manus ein kleiner Junge war, hat man ihm eingebleut, daß Lügen eine Sünde sei. Seither hat er, glaube ich, diese Sünde nie mehr begangen.«

»Nein, im Ernst, Vater Kinsella«, sagte Manus. »Ich muß mit Ihnen sprechen! Ich meine, es ist doch erstaunlich, was hier passiert ist. Ich gehe

jeden Sonntag zum Festland rüber. Und Sie sollten bloß mal sehen, wie die Leute reagieren.«
»Es fängt an zu regnen«, mahnte der Abt. »Wenn Sie mit Vater Kinsella sprechen wollen, schlage ich vor, daß wir unter Dach gehen. Kommen Sie!«

*

Er drehte sich um, schlug einen forschen Schritt an und führte sie den Pfad von der Bucht hinauf. Die schwere Pforte klappte starr hinter ihnen zu, als sie das Kloster wieder erreicht hatten. Zuerst ging's in die Küche, wo Vater Manus den alten Küchenmönchen die Fische übergab. Dann winkte der Abt Vater Manus und Kinsella heran und geleitete sie in einen kleinen Raum, der mit Tischen fürs Damespiel und mit hohen Schemeln ausgestattet war. »Also gut«, sagte der Abt. »Ich bin der Schiedsrichter. So, Manus, jetzt haben Sie Ihre Chance. Gehen Sie auf ihn los! Was haben Sie ihm sagen wollen?«
»Was ich ihm sagen wollte? Was wollt' ich sagen, ach, mein Gott, ich weiß es nicht, aber ich sage Ihnen, Vater Kinsella, seit ich gehört habe, daß Sie kommen, hab' ich nachts wachgelegen, mit mir

selber disputiert und mich hin und her gewälzt und dies gesagt und das gesagt und – sehen Sie, es ist so eindeutig wie die Nase in Ihrem Gesicht: Wir haben nichts getan, um das alles in Gang zu bringen; haben einfach drüben in Cahirciveen weiter die Messe gefeiert, wie sie immer gefeiert wurde und wie wir sie immer gefeiert hatten, und wie wir unterwiesen wurden, sie zu feiern. Die Messe auf Lateinisch, wobei der Priester der Gemeinde den Rücken kehrte, weil er und die Gemeinde beide den Altar anblickten, wo Gott ist. Brachten *Gott* das tägliche Opfer der Messe dar. Verwandelten Brot und Wein in Leib und Blut Jesu Christi, wie Jesus es seinen Jüngern beim Letzten Abendmahl gebot, daß sie's tun sollten. ›Das ist mein Leib und das ist mein Blut. Solches tuet zu meinem Gedächtnis!‹ Gott hat seinen Sohn gesandt, uns zu erlösen. Sein Sohn kam in die Welt und wurde für unsere Sünden gekreuzigt, und die Messe ist die Gedächtnisfeier jener Kreuzigung, jenes Opfers vom Leib und Blut Jesu Christi für unsere Sünden. Der Priester und die Leute beten zu Gott und nehmen an einem Wunder teil, bei dem Jesus Christus wiederkommt und unter uns ist: Leib und Blut in Form von Brot und Wein auf dem Altar. Und die Messe wurde auf Lateinisch gefeiert, weil Latein die Sprache der Kirche ist, und die Kirche war die eine und weltumfassende, und ein Katholik konnte in jede Kirche der ganzen Welt gehen, hier oder in Timbuktu oder in China, und die gleiche Messe hören, die einzige Messe, die es gab, die lateinische Messe. Und wenn die Messe Lateinisch war und die Leute nicht Lateinisch sprachen, so war das eben ein Teil des Geheimnisses, denn die Messe war kein Gespräch mit unserem Nachbarn, sie war ein Gespräch mit Gott. Mit dem allmächtigen Gott! Und so haben wir's getan seit fast zweitausend Jahren, und in der ganzen Zeit war die Kirche ein Ort, in dem man still und ehrerbietig war, es war ein Ort der Stille, weil Gott dort war, Gott auf dem Altar, im Tabernakel in Form von einer Brot-Oblate und einem Kelch mit Wein. Es war Gottes Haus, in dem sich jeden Tag das tägliche Wunder ereignete. Gott, der zu uns herniederkommt. Ein Mysterium. Wie diese neue Messe kein Mysterium ist, sondern eine Farce und ein Lallen, kein Gespräch mit Gott, sondern mit unserem Nachbarn, und deshalb ist sie englisch oder deutsch oder chinesisch, oder was immer für eine Sprache die Leute in der Kirche zufällig sprechen. Sie ist ein Symbol, heißt es, aber ein Symbol wofür? Sie ist eine Theateraufführung, das ist sie. Und die Leute durchschauen es. Jawohl! Deshalb kommen sie zum Mount Coom, deshalb kommen sie in Flugzeugen und Schiffen, und in Wagen, die die Straßen verstopfen, und die Leute kampieren auf freiem Feld, Gott steh ihnen bei! Und deshalb sind sie da, auch wenn der Regen auf sie niederprasselt. Und wenn das Sanktus-Glöckchen im Augenblick der Wandlung geläutet wird, wenn der Priester niederkniet und die Hostie hochhebt – Allmächtiger Gott – und die Gemeinde hinter dem Rücken des Priesters niederkniet, mit gesenktem Kopf, um ihren Gott anzubeten, ja, Vater, wenn Sie diese Leute sehen könnten, den Kopf entblößt und die Gesichter vom Regen gepeitscht, wenn sie sehen, wie die Hostie hochgehoben wird, das Stückchen ungesäuerten Brotes, das durch das Mysterium und Wunder der Messe jetzt zu Leib und Blut Unseres Herrn Jesus Christus geworden ist – dann würden Sie sich schämen, Vater, Sie würden sich schämen, das alles wegzufegen und an seine Stelle zu setzen, was Sie selbst dort hingesetzt haben, Singsang und Gitarren, zum Nachbarn hinwenden und ihn berühren, schauspielern und lauter solch Unsinn, alles nur, damit die Leute in die Kirche kommen, so wie sie früher ins Gemeindehaus gingen und Bingo spielten!«

*

Das war eine klare Herausforderung! Mit vor Raserei strahlenden Augen, ein wenig Schaum vom Speichel auf der Wange, stand Manus da, verwirrt, weil ihm sein Wortschwall verebbte. Der Abt trat zwischen die Gegner. »Ich wünschte, ich besäße all die Glut und Überzeugung, Manus! Und Sie, Vater Kinsella, haben soeben entdeckt, daß wir allerhand Predigten in uns haben, wir hier auf der Rückseite von Nirgendwo!«

*

»Verzeihung!« Vater Manus blickte Kinsella an, wie einen Mann, dem er ungewollt auf den Mund geschlagen hatte. »Aber trotz alledem ist das, was ich gesagt habe, nur die reine göttliche Wahrheit. Vater Abt kann es bestätigen!«
»Ich weiß nicht, was die göttliche Wahrheit ist«, sagte der Abt. »Weiß das überhaupt einer von uns? Wenn wir's wüßten, gäbe es keine Streitfragen zwischen uns. Aber es ist tatsächlich wahr, daß eine Menge Leute so zur alten Messe eingestellt sind wie Manus. Das wissen Sie natürlich. Deshalb sind Sie hier.«
»Jedenfalls«, sagte Vater Manus nun wieder mit

lauter Stimme, »finde ich, es wäre ein Verbrechen am Glauben der Leute, wenn wir gezwungen würden, das Alte hier aufzugeben.«
»Manus«, bat der Abt sanft, »könnten Sie wohl Vater Colum bitten, mit der Segensandacht zu beginnen? Ich möchte Vater Kinsella herumführen. Würden Sie so freundlich sein und das tun?«
»Ja, Vater Abt, ich werd's sofort tun.«
»Beim Abendessen werdet ihr euch wiedersehen«, versprach ihm der Abt.
Vater Manus griff impulsiv nach Kinsellas Arm. »Es ist nicht persönlich gemeint, Vater.«
»Ich weiß. Ich bin dankbar dafür, Ihren Standpunkt gehört zu haben.«

*

Ein völlig verschmutzter Mönch, Gesicht und Hände mit Erde verschmiert, erschien in der Tür, nicht ahnend, daß er sie unterbrach. »Wir haben das Lamm gefunden!« rief er und starrte dann mit offenem Mund den Gast an.
»Gut gemacht«, lobte der Abt. »Wo war es?«
»Das ist der Witz an der Geschichte. In einem Kuhstall neben der Ruine, wo die Cullens früher

gewohnt haben. Da lag es und wärmte sich an einem kleinen Pony.«

»An einem Pony?«

»Ganz dicht dran! Ein kleines Pony von Taig Murtagh!«

»Und das Pony hat's nicht übelgenommen?«

»Keine Spur!«

»Das ist die Macht des Gebets«, sagte Vater Manus, dessen gute Laune wiederhergestellt war.

»Das hat mehr als ein Gebet gekostet«, sagte der schmutzige Mönch. »Einen ganzen Tag hat's gekostet!«

»Geht jetzt beide«, gebot der Abt, und der verdreckte Mönch entfernte sich mit Vater Manus.

»Interessieren Sie sich für romanische Kunst?« erkundigte sich der Abt bei Kinsella.

»Sehr!«

»Dann werde ich Ihnen ein paar Dinge zeigen. Aber da Sie aus Rom kommen, wird es schwer sein, Ihnen Eindruck zu machen. Ach, was für großartige Sehenswürdigkeiten hat Rom! Ich war vor vielen Jahren dort, zur Zeit von Papst Johannes, er ruhe in Frieden!«

»Um zu studieren?«

»O nein. Nur für die Ferien. Ich war krank gewesen und wurde deshalb auf eine Vergnügungsreise geschickt. Ich ging nach London, dann nach Rom

und weiter nach Lourdes in Frankreich. Mein erster und auch mein letzter Besuch auf dem Kontinent, vermute ich.«
»Und Sie haben es genossen?«
»Oh, es hat mir großen Spaß gemacht. Es war wunderbar, England wiederzusehen. Ich habe dort mein Noviziat absolviert, in der Buckmore-Abtei in Kent.«
»Ich weiß.«
»Ach ja, Sie wissen ja wahrscheinlich alles über mich. Man muß wohl alles gründlich exerzieren, dort auf dem Lungotevere Vaticano?«
Kinsella lächelte und schüttelte den Kopf. Als sie jetzt durch den Kreuzgang schritten, waren sie, der Abt und der Fremde, Gegenstand dauernder, versteckter Neugier. Mönche, die meditierten oder ihr Brevier lasen, wandelten still durch den überdachten Kreuzgang. Ein leichter Sprühregen fiel in den Klosterhof. Diese Mönche. Dieser Ort. Die meisten von ihnen kannten vermutlich nichts anderes. *Hartmann, im Kolleg, in seinem eigens für ihn gebauten orthopädischen Stuhl am Fenster sitzend, das auf den Charles River in Boston blickte: Augen spähten hinunter, dicke, sommersprossige Finger schirmten das Licht ab. »Die Lösung hatten wir«, sagte Hartmann, »als wir entdeckten, daß keiner oder beinah keiner in der ganzen Hier-*

archie Brasiliens, Chiles und Argentiniens wirklich zufrieden mit seinem Posten oder seiner Stellung war – und so wie wir diese Tatsache begriffen hatten, konnten wir jede Tür aufschließen. Sehen Sie das Skiff da unten? Ich könnte wetten, daß der eine von den beiden Ruderern glaubt, der andere hätte den besseren Platz. Ich könnte um mein Leben wetten. Um ein Resultat zu erzwingen, muß man manchmal sein Leben auf derlei Dinge setzen – auf Dinge, über die man nichts weiß.«

*

»Hier entlang«, sagte der Abt und führte ihn in die Kirche. Jetzt, da Kinsella im Schiff der Abtei stand, spürte er wieder das jähe, starke Gefühl stiller Erhebung wie in der großen, leeren Kirche in Vézelay, der schönsten aller französischen romanischen Abteien, größer sogar noch als Autun. Hier wie in Vézelay, auf dieser abgelegenen irischen Insel am Rande der gotischen Welt, die gleiche Stille, die Leere, die alle Schönheit des Glaubens birgt. Über ihm schwang sich grauer Stein im gotischen Symbol der im Gebet gefalteten Hände zum Bogen auf. Wie in Vézelay war es ein Gebäude, leer wie die Stille, ernst wie die Gnade. Im Chor der Altar, eine kahle Steinplatte, auf der ein kleines Tabernakel mit einer Tür aus getriebenem irischem Gold stand. Zwei Leuchter aus Holz waren der einzige Zierat. Kein zweiter Altar, wie Kinsella bemerkte, nichts, was mit der liturgischen Reform des Jahres 1966 übereinstimmte. Im südlichen Querschiff ein kleiner Marien-Altar, und über dem Hauptaltar ein romanisches Kruzifix, hoch an der Chorwand, ein abgezehrter Stein-Christus, auf einem Kreuz aus irischer Sumpfeiche an Nägeln aufgehängt.

*

Die Stiefel des Abts hallten laut durch das Schiff.
»Zwölftes Jahrhundert das meiste. Nur die Tür hier und die Fenster sind dreizehntes Jahrhundert, ein Übergang von der irischen Romantik zur Gotik. Das Kreuzmotiv hier ähnelt dem im Kloster Cong, einem Zisterzienserkloster. Aber dieses hier ist feiner. Wahrscheinlich das feinste in ganz Irland, wie man uns sagte.«
»Es ist sehr schön.«

»Es ist eine große Kirche, wenn Sie bedenken, an welchem Ort sie steht. Natürlich lebten früher mehr Familien auf Muck. Der Hauptbau ist die ursprüngliche Konstruktion. Früher war auch ein heiliger Brunnen auf der Insel, damals, als solche Dinge beliebt waren. Die Leute kamen in Booten vom Festland herüber, um ihn aufzusuchen. Kleine Ruderboote waren es, aus Tierhäuten und Holzrahmen gebaut, Coracles wurden sie genannt. *Jene* Leute waren gläubig.«

»Buckmore ist auch eine schöne Abtei, wie ich hörte?«

Der Abt schwenkte herum, den Kopf wunderlich zur Seite geneigt. »Ja. Anders natürlich. Unsere Abtei hier ist älter und niemals niedergebrannt worden. Sie ist eine der wenigen Abteien in Irland, die sowohl Heinrich dem Achten wie auch Cromwell entgingen. Abgelegen zu sein, hat seine Vorteile.«

*

Ehe er Rom verließ, hatte Kinsella, sich an Hartmanns Rat im Kolleg erinnernd, vor dem Vater General die Möglichkeit einer Versetzung er-

wähnt. »Manchmal hat ein lohnenderer Posten eine sehr veränderte Einstellung zur Folge.« Vater General gab ihm recht. »Aber nur als letzte Maßnahme. Wenden Sie sie an, wenn es unbedingt notwendig ist.«

*

»Was ich Ihnen außerdem zeigen wollte, ist dort oben im südlichen Querschiff. Kommen Sie hier entlang!« Sie machten ihre Kniebeuge und gingen an Bänken vorbei, in denen vier Mönche knieten, im Gebet versunken, die Köpfe unter der Kapuze, die Gesichter verborgen. »Alle Äbte von Muck sind an dieser Wand hier begraben. Einer nach dem anderen! Können Sie sich das vorstellen? Soviel ich weiß, geht es bis auf die Gründung zurück. Nach den Urkunden sind es einundfünfzig, aneinandergereiht wie Weinflaschen. Und, so Gott will, werde ich der zweiundfünfzigste sein. Es ist selten, daß Äbte auf diese Art beigesetzt werden. Unsere Abtei in Santiago de Compostela ist die einzige andere, die den gleichen Brauch befolgt, wie ich gehört habe.«

»Wenn Sie nun aber anderswo Abt würden,

würde man dann nicht Ihren Leichnam wieder zurückführen, damit er hier beigesetzt werden kann?«

»Nein. Die Regel gilt nur für Äbte, die hier gestorben sind. Ich nehme an, daß meine Aussichten sehr gut sind. Ich hoffe es wenigstens. Es ist ein verrückter Ehrgeiz, aber ich habe ihn nun mal. Komisch. Die Insel hier ist nicht gerade eine Sommerfrische, aber sehen Sie, wenn ich aufs Festland hinüber muß, so schlafe ich keine Nacht dort drüben, falls ich irgend zurückkehren kann. Hier fühle ich mich zu Hause. Nirgends sonst bin ich zu Hause.«

Kinsella blickte seinen Gastgeber an. Die Versetzung war also vorausgesehen und abgebogen. Überließ dieser Abt denn gar nichts dem Zufall? Und jetzt, als setze er eine geführte Tour fort, geleitete ihn der Abt von hier weg, während Mönche in Gruppen von zweien und dreien, die Kapuze über dem Kopf, durch die verschiedenen Türen hereinkamen, bis sie, etwa fünfundzwanzig, die beiden vorderen Bänke ausfüllten. Aus der Sakristei erschien ein Priester in einem Chorrock aus Seide und Goldbrokat, reich bestickt – von Nonnen, die seit langem tot waren. Hinter ihm ein Laienbruder mit Weihrauchgefäß und Kette. *Segensandacht!* Der Abt entfernte seinen Gast eiligst

von dem unbotmäßigen Schauspiel und stieß eine schwere Tür an der Seite des Schiffs auf. Sie traten in den regendunklen Himmel hinaus.
»Wir haben ein kleines Gästehaus; es ist nicht gerade großartig, aber man kann ein heißes Bad haben. Wir nehmen unser Abendessen um sieben ein, das läßt uns hinterher reichlich Zeit zum Plaudern, wenn Sie mögen.«
»Danke!«
Er folgte dem Abt, durch den Schlamm, auf einem Pfad, der unterhalb der Westmauer des Klosters zu einem Haus führte, das wie ein großes Nebengebäude allein auf freiem Feld stand. »Es liegt ganz für sich, wie Sie sehen.« Der Abt drehte einen Schlüssel im Schloß. Drinnen ein kleiner Wohnraum, im Kamin etwas Torf für ein noch nicht angezündetes Feuer. Ein Kleiderregal, auf dem Holztisch ein Gästebuch, und an der weißgetünchten Wand ein aus Binsen geflochtenes Kruzifix. Hinter dem Wohnraum das Schlafzimmer mit einem schmalen Mönchsbett, ein Holzstuhl, auf dem Boden ein Schaffell. Das anschließende Badezimmer war primitiv, aber ausreichend: Badewanne, Waschbecken, Toilette, alles auf winzigem Raum.
»Um viertel nach sechs holen wir Sie ab. Wenn Sie frieren, zünden Sie sich einfach das Feuer im Kamin an.«

*

Die Tür fiel ins Schloß. Kinsella bewegte sich wie ein Gefangener in den zellenkleinen Räumen, dann besann er sich, legte die Kleider ab und ließ Wasser in die altmodische Wanne ein. Spiegel und Fenster beschlugen vom Dampf; er lag in der Wanne, hörte den Schrei der Möwen und ließ seine Gedanken wandern, während sein Körper, vom warmen Wasser besänftigt, sich entspannte und wohlig fühlte. Der Abt schien die Zügel in der Hand zu haben. Vater Manus war zweifellos gleich zu Anfang präsentiert worden, um den Appell ans Gefühl zu übernehmen. Wahrscheinlich waren noch andere da, die seinen Glauben teilten. Der Abt benutzte Vater Manus, damit der sagte, was er selber zu sagen zu gewitzt war. Was ihn wirklich interessierte, war der Brief vom Vater General: er las ihn mindestens dreimal. Er angelt nicht nach Beförderung oder Macht. Was er sagt, klingt vernünftig: er ist der Kapitän seines Schiffs. Wenn dieser Brief von den Schiffseigentümern ihm befiehlt, eine Ladung Ritual zu versenken, wird er, schätze ich, tun, wie ihm befohlen. Als Hartmann auf das Zwei-Mann-Skiff auf dem Charles River schaute, hatte er gesagt, man müsse darauf vorbereitet sein, sich ganz auf ein Vorgefühl zu verlassen. Werde ich auf den Abt setzen, wenn er mir sein Wort gibt? Oder ist da irgendwo eine graue Eminenz, ein *Mann im Schatten,* dem ich noch nicht begegnet bin?

*

Kinsella stieg tropfend aus der Wanne. Durch die kühle Abendluft schlug sich im Raum Dunst nieder wie in einem Dampfbad. Das Handtuch schabte rauh über seine Haut. Er dachte an die Beichte: keiner hatte die Beichte erwähnt. Sie war, das wußte er, die größte Gefahr.

*

Vierzig Minuten später, als bei ihm an die Tür geklopft wurde, wartete er bereits, in seinen graugrünen Drillichanzug und seine Fliegerjacke fertig gekleidet. Vater Manus, alt, mit grinsendem Schuljungengesicht, mit einer Hand den Südwester fest auf die langen grauen Locken drückend, trat ins Gästehaus und scharrte Lehmklumpen von seinen

Stiefelsohlen. »Schrecklicher Wind! Hab' darum gebetet, Sie abholen zu dürfen! Bin ganz niedergeschlagen.«
»Was?«
»Bei der Segensandacht habe ich zur Buße Gebete dargebracht, weil ich Sie angebrüllt habe wie ein Wilder aus Borneo. Vater Abt hat mich darauf hingewiesen: ich habe Sie tatsächlich nicht zu Wort kommen lassen!«
»Ist schon recht.«
»'s ist nicht recht! 's ist eine Schande!« Die Röte stieg ihm vom Hals ins Gesicht; er wandte sich ab, um seine Verlegenheit zu verbergen, und spähte in den böigen Regen hinaus. »Es schüttet nur so! Wir müssen drunterherlaufen! Im Refektorium warten alle darauf, Sie kennenzulernen.«
Kinsella warf die Tür des Gästehauses hinter sich zu und hielt sich, halb rennend, dicht an seinen Führer, bis sie die Klosterpforte erreicht hatten. Sie eilten durch den Kreuzgang zum Refektorium, wo die Mönche bereits versammelt waren und in Gruppen von zweien und dreien wie Konferenzdelegierte herumstanden, alle flüsternd und scheu lächelnd, als Vater Manus den Gast einließ. Die Mäntel wurden abgelegt und aufgehängt. Der Abt trat vor, hakte sich freundlich bei Kinsella ein, führte ihn herum und stellte ihn vor.

»Vater John, Vater Colum, Bruder Kevin. Und Bruder Sean. Vater Kinsella aus Rom. Ist es ein irischer Name? Sicher. Stimmt es, was wir gehört haben, daß Padraig Sie heute früh nicht in seinem Boot mitnehmen wollte? Wirklich? So ein Jux! Und Vater Terence – Vater Kinsella aus Rom. Terence hat die Obhut über unsere Farm. Vater Alphonsus – Vater Kinsella. Sind Sie die ganze Strecke von Rom her in dem Karussell geflogen, das heute hier gelandet ist? Den ganzen Weg von Rom, oh, habt ihr das gehört, was Vater Alphonsus wissen will! Ach, um Himmels willen, weißt du denn nicht, daß das ein Hubschrauber ist? Der kann niemals die ganze Strecke von Rom her fliegen. Ach so, Sie sind in einem größeren Flugzeug hergekommen! Aha! Von Amsterdam nach Shannon, und dann von Shannon in einem Wagen. Und den Helikopter haben Sie bloß wegen Padraig genommen. So war das also. Denken Sie, Vater Kinsella, ich habe gehört, es gäbe in ganz Irland kein Dorf, das nicht eine Art Flugplatz in der Nähe hätte. Ist das nicht erstaunlich? Ja, ja.«

»Und das ist Vater Matthew, unser Novizenmeister. Was reden Sie da von Novizen, Vater Abt? Ich finde, es wäre passender, wenn Sie mich als Faktotum für alles und Meister über niemanden vorstellten. Stimmt nicht ganz, Vater Matthew.

Jedenfalls möchte ich Ihnen Vater Kinsella aus Rom vorstellen. Ich weiß doch, daß er aus Rom kommt. Wir alle wissen es. Sie kommen wegen der Ereignisse in Cahirciveen, nicht wahr? Ja. Es ist wunderbar, wie die Leute dort auf Mount Coom reagieren. Es würde Ihnen das Herz öffnen, wenn Sie die Frömmigkeit dieser einfachen Menschen sähen. Wirklich! Und ich hoffe – übrigens, haben Sie Vater Daniel kennengelernt? Vater Daniel – Vater Kinsella. Vater Daniel ist unser Geschäftsführer. Verzeihung, Vater Matthew, was wollten Sie eben sagen? Ich sagte, ich hoffe, Vater Kinsella, daß Sie nicht vorhaben, unser Leben zu ändern. In welcher Hinsicht, Vater Matthew? Wegen der Messe. Ich will aufrichtig sein und Ihnen gestehen, daß ich seit Wochen eine Novene gebetet habe – in der Hoffnung, daß man uns erlaubt, in unserer heiligen Arbeit fortzufahren.«
Der Abt, geschmeidig wie er war, führte seinen Gast aus der Gefahrenzone. »Vater Kinsella, wollen Sie hier zu meiner Rechten sitzen? Und das hier ist Vater Walter, mein Stellvertreter. Nehmen Sie rechts von Vater Kinsella Platz, dann ist er vom Establishment der Insel Muck eingerahmt, haha!« Mächtiger Lärm von den Refektoriumsbänken, als sich die sechsundzwanzig Mönche zum Abendessen hinsetzten. Alle warteten. Der Abt

läutete eine Tischglocke. Sofort wandten sich aller Augen zur Küchentür, wo zwei alte Küchenbrüder mit triumphierendem Lächeln im Gesicht den Lachs hereinbrachten. Drei Fische auf drei weißen Porzellanplatten! Dann große Schüsseln mit dampfenden Salzkartoffeln. Salz- und Butternäpfchen. Drei große Krüge mit Buttermilch. Als das Essen auf dem Tisch war, erhob sich der Abt. Alle standen. Alle beteten:
»Segne, o Herr, diese deine Gaben, die wir dank deiner Güte empfangen durch Christus, unseren Herrn. Amen.« Es war nicht, wie Kinsella vermerkte, das anerkannte ökumenische Tischgebet, das in allen anderen Klöstern des Ordens in Kraft war. Hinterher machten alle – ein weiterer Anachronismus – das Zeichen des Kreuzes. Alle setzten sich. Der Abt bediente seinen Gast, dann sich selbst. Die Platten wurden herumgereicht. Alle aßen schweigend und rasch, die Köpfe über die Teller gesenkt. Es war die alte Regel. Als der Abt aufstand, standen alle auf. »Wir danken dir, o Herr, für alle deine Wohltaten; denn du lebst und regierst in Ewigkeit. Amen. Mögen die Seelen der im Glauben Dahingeschiedenen durch Gottes Gnade in Frieden ruhen. Amen.«

*

Hinterher standen die Mönche respektvoll wartend herum und hofften, ihren Gast in weitere Gespräche hineinzuziehen. Doch der Abt drängte. »Lassen Sie uns jetzt zu einer Tasse Tee in mein Zimmer hinaufgehen! Wir gehen hier früh zu Bett und sind früh auf den Beinen. Da wir gewissermaßen Fischer und Farmer sind, müssen wir das Licht nutzen, das Gott uns gibt. Würden Sie bitte mitkommen, Vater?«

»Gute Nacht! Gute Nacht! So früh schon fort? Gute Nacht, Vater! Schlafen Sie gut!« Als er ging, blickten sie ihm nach, durch diesen plötzlichen Aufbruch um ein Vergnügen gebracht: sie hatten so selten Gäste. In höflichem Widerstreben gingen sie weg, zwei Reihen langer Kutten, während der Abt den Gast zielbewußt durch den Kreuzgang in die Sakristei und dann die steinerne Wendeltreppe in sein Zimmer hinaufführte.

Bruder Martin hatte eine Kanne Tee und einen Teller mit Zitronenkeks hingestellt. Der Abt nahm einen Keks und hielt ihn zwischen Daumen und Zeigefinger. »Martin versucht, Sie zu bestechen«, sagte er. »Immer, wenn er jemanden weichstimmen will, trennt er sich von einigen dieser Kekse. Seine verheiratete Schwester schickt sie ihm – sie kommen von weither – von Manchester.« Er zerkaute den Keks und nahm, noch kauend, das ökumenische

Ermächtigungsschreiben in die Hand. Stirnrunzelnd begann er es wieder zu lesen. »Nehmen Sie Platz, Vater! Machen Sie sich's bequem!« Das ökumenische Ermächtigungsschreiben wurde wieder als unwichtig auf den Schreibtisch geworfen. Dann kam der Brief des Ordensgenerals dran. Zum wievielten Mal las er ihn jetzt? Las ihn noch einmal, hielt ihn dann hoch, wie um ihn zur Schau zu stellen. »Kann ich irgend etwas sagen, das Ihre Ansicht und die unseres Vater Generals über die Vorgänge hier ändern könnte?«
»Ach, das kann ich nicht wissen, nicht wahr? Bis jetzt haben Sie ja noch gar nichts gesagt.«
Der Abt lachte, als wäre das ein außerordentlich tiefgründiger Witz. »Wissen Sie auch, Vater, wie Sie im Refektorium drüben genannt werden?«
Kinsella wartete und lächelte seinem Gastgeber zu.
»Der Inquisitor!« Der Abt lachte. »Ich fand das ausgezeichnet!«
»Doch wohl kaum ein Inquisitor!«
»Wieso nicht? Tauchte die Inquisition nicht auf, um Fehler in der Doktrin zu suchen und zu bestrafen?«
»Mein Auftrag ist keine Strafexpedition.«
»Noch nicht. Was aber, wenn die Häresie fortdauert?«

»Also bitte«, sagte Kinsella leicht gereizt. »Wir leben Ende des zwanzigsten Jahrhunderts, nicht zu Beginn des dreizehnten Jahrhunderts. Wie könnten wir heutzutage überhaupt definieren, was Häresie ist?«
»Gestern noch Rechtgläubigkeit, heute Häresie.«
»Das würde ich nicht sagen, Vater Abt.«
»Was haben Sie dann dagegen, daß wir die Messe auf die traditionelle Art feiern?«
»Wir versuchen, innerhalb der Kirche eine einheitliche Geisteshaltung zu schaffen. Wenn jeder beschließt, den Gottesdienst auf seine Art abzuhalten, dann würde es zu Spaltungen führen, das liegt auf der Hand!«
»Sehr richtig«, sagte der Abt. »Zum Zusammenbruch. Alles würde außer Kontrolle geraten. Da gebe ich Ihnen recht. Disziplin muß sein. Tee?«
»Danke, ja.«
»Milch und Zucker?«
»Schwarz, bitte!«
Der Abt schenkte ein und reichte seinem Gast die Schale mit Tee. »Erklärungen!« sagte der Abt. »Vater General scheint der Meinung zu sein, daß sie notwendig wären. Also gut. Ich will zu erklären versuchen, weshalb wir hier die alte Messe beibehielten. Soll ich Ihnen sagen, weshalb?«
»Ja, das würde mich freuen. Ich bitte darum.«

*

»Wußten Sie, daß Irland früher das einzige Land in Europa war, wo jeder Katholik am Sonntag in die Messe ging? Jeder, sogar die Männer?«

»Ja. Ich war vor ein paar Jahren hier. In Sligo.«

»Tatsächlich? Nun gut, als die neue Messe eingeführt wurde, versuchten wir's damit und taten, wie uns geheißen. Doch wir bemerkten, daß die Männer mit ihren Familien nach Cahirciveen kamen und rauchend und schwatzend draußen vor der Kirche blieben. Als die Messe aus war, gingen sie mit ihren Frauen nach Hause. Ich fand nun, daß das ein schlechtes Zeichen sei. Ich meine, wir sind hier schließlich in Irland. Ich berichtete unserem Vater Provinzial darüber. Er antwortete mir, die neue Messe sei sonst überall beliebt. Da wußte ich also nicht, was tun. Wir verloren unsere Gemeinde im Handumdrehen. Ich sagte mir, vielleicht sind die Leute hier anders als in anderen Gegenden, vielleicht wollen sie sich das Neue einfach nicht gefallen lassen. Denn schließlich, wenn wir drüben auf dem Festland Sonntagspriester spielen – was tun wir denn anderes als versuchen, den Glauben der Leute an den allmächtigen Gott zu behüten? Ich bin kein frommer Mann, aber vielleicht gerade deshalb, weil ich's nicht bin, fand ich, ich hätte kein Recht, mich einzumischen. Ich meinte, es sei meine Pflicht, zu verhindern, daß der Glaube, den

sie haben, verwirrt würde. Daher kehrte ich zu der alten Art zurück.«
»Und was geschah dann?«
»Nichts geschah.«
»Aber man muß es doch bemerkt haben? Man muß doch in der Diözese darüber gesprochen haben?«
»Vermutlich. Aber die Leute wissen in liturgischen Fragen nicht gut Bescheid. Ich glaube, die Leute dachten, weil wir ein alter Orden sind, hätten wir eine besondere Dispensation, bei der alten Art zu bleiben. Jedenfalls wurde diese sehr populär, nachdem es sich herumgesprochen hatte.«
»Und bald kamen jeden Sonntag Tausende zur Messe.«
»So war es nicht«, sagte der Abt. »Ein paar Jahre lang hatten wir nicht viel mehr Leute als früher. Nur ein paar mehr von den älteren Leuten aus den umliegenden Gemeinden. Erst ganz kürzlich wurde es zur Attraktion. An den Touristen lag es. In den Sommermonaten ist Irland vollgestopft mit Touristen. Schuld daran sind die neuen Flugzeuge, die Supers oder wie sie heißen.«
»Es geschah also erst im vorigen Sommer, daß Sie aus der Priorei in Cahirciveen wegzogen und begannen, die Messe auf dem Mount Coom zu feiern?«

»Sie sind gut unterrichtet. Ich wundere mich nicht. Unseren Vater Provinzial kann man schwerlich einen meiner Bewunderer nennen.«

»Auf Mount Coom«, sagte Kinsella. »Sie beschlossen, die Messe auf dem Mount Coom zu feiern. Nach dem, was ich gelesen habe, wurde der Messefelsen während der Katholikenverfolgung mit Rebellion in Zusammenhang gebracht. Die Messe wurde dort insgeheim von geächteten Priestern gelesen, während ein Mitglied der Gemeinde Posten stand für den Fall, daß sich englische Soldaten näherten.«

»Der Messefelsen war ein Fehlgriff«, sagte der Abt. »Damals dachte ich nicht an diesen Zusammenhang. Ich versuchte nur, die Menschenmenge unterzubringen.«

»Sie haben Lautsprecher als Geschenk von den Kaufleuten in Cahirciveen angenommen.«

»Es ist üblich, Geschenke anzunehmen, die dafür gedacht sind, den Gottesdienst zu verschönen.«

»Aber Lautsprecher!« sagte Kinsella. »Es muß Ihnen doch sicher in den Sinn gekommen sein, daß der Mount Coom zu einer Wallfahrtsstätte geworden ist?«

»Meinen Sie, so eine Art Lourdes?«

»Wie Lourdes früher war. Lourdes ist nicht mehr in Betrieb.«

»Wir sind ganz und gar nicht wie Lourdes. Es finden keine Wunder statt. Wir feiern nur die Messe.«

»Und Sie nehmen die Ohrenbeichte ab. Und das ist noch nicht bekannt, noch nicht einmal in Rom. Ich entdeckte es rein zufällig gestern in Cahirciveen. Wie Sie wissen, ist die Ohrenbeichte abgeschafft worden, ausgenommen in Fällen, wo eine besondere Notlage besteht, wenn die Sünde so groß ist, daß ein persönlicher Rat notwendig wird.«

Der Abt zog die Brauen zusammen. »Alle Todsünden sind für die Seele verderbenbringend. Ich finde es schwierig, die neuen Regeln anzuwenden.«

»Wie Sie wissen, wird keine Unterscheidung mehr vorgenommen zwischen Todsünde und läßlicher Sünde.«

»Aber was soll ich denn tun?« Der Abt schien plötzlich verwirrt. »Die Leute hier glauben immer noch, es sei eine besondere Sünde, ein Kind zu belästigen, einem Mann die Frau zu stehlen, ohne den kirchlichen Segen zu heiraten – ach, eine Menge anderer Dinge. Was soll ich denn tun, wenn die Leute noch glauben, daß es Todsünden gibt?«

»Ich verstehe, daß es schwierig sein muß. Aber die

Beibehaltung der Ohrenbeichte wäre ein schwerwiegender Fehler. Die Vorstellung, daß Katholiken ihre Sünden einem Priester unter vier Augen beichten, hat auf andere Gruppen der ökumenischen Bruderschaft abstoßend gewirkt. Das Vierte Vatikanum hat die leichtere Form sanktioniert – Sie haben doch sicherlich die Debatten verfolgt?«

»Ja, allerdings«, sagte der Abt. »Ich weiß, daß ich in bezug auf die Beichte nicht Schritt gehalten habe. Aber bedenken Sie, daß ich immer versucht habe, die Beichte der Leute in unserer Pfarrgemeinde einzuschränken. Es war alles ein Teil des gleichen Bestrebens. Wir wollten den Glauben der hier ansässigen Leute nicht verwirren. Doch ...« Der Abt hielt inne und blickte seinen Gast forschend an. »Sie sagten selber, daß Rom von der Ohrenbeichte nichts wisse. Sie wurden also nicht deswegen hergeschickt?«

»Nein.«

»Warum wurden Sie hergeschickt, Vater Kinsella? Was im besonderen hat das hier veranlaßt?« Der Abt nahm den Brief des Ordensgenerals zur Hand. »Das amerikanische Fernsehen plant eine einstündige Sendung über das, was hier geschehen ist. Wußten Sie das?«

»Das ist es also!« Der Abt ballte die rechte Hand zur Faust und schlug damit auf seinen Schreibtisch.

»Das verdammte Fernsehen! Ich wollte das Fernsehen nicht hierhaben! Ich werde es verbieten! Ich war von Anfang an strikt dagegen!«

»Nicht einmal der Präsident der Vereinigten Staaten kann das Fernsehen verbieten. Wenn die Fernsehgesellschaft zeigen will, was hier vor sich geht, dann wird es gesendet. Und man wird es in der ganzen Welt sehen.«

»Ich habe unsere Mönche gewarnt, und den Kaufleuten in Cahirciveen habe ich das gleiche gesagt. Ich habe ihnen gesagt, gebt euch nicht mit den Fernsehleuten ab, sagt ihnen einfach, es ginge sie nichts an. Ich habe ihnen die Erlaubnis verweigert, auf Kirchenbesitz zu filmen.«

»Es hat nicht viel genützt, nicht wahr? Sehen Sie nicht ein, daß Sie schon allein durch Ihre Weigerung, die Zeremonie filmen zu lassen, ihr eine Bedeutung verliehen haben, die Sie niemals beabsichtigten? In falschen Händen kann eine Sendefolge über dieses Thema so hingestellt werden, daß es wie ein erstes Zeichen einer katholischen Gegenrevolution aussieht.«

»Ach, Verzeihung, das finde ich aber wirklich sehr weit hergeholt, Vater Kinsella!«

»Weit hergeholt? Würde es den Feinden der Kirche nicht so erscheinen, als hätten Sie in direktem Widerspruch zu den Beschlüssen des Vierten Vatikanums gehandelt?«

Der Abt blickte ins Feuer. Im reflektierten Licht der Flammen schienen seine Gesichtszüge bleich wie ein Gipsabguß. »Ich dachte nicht, daß ich mich damit in Widerspruch zu Rom setzen würde. Gott behüte!«

»Ich bin überzeugt, daß Sie das nicht dachten. Und ich bin einfach hierhergeschickt worden, um die Sache zu klären. Um die Besorgnis des Vater General zu erklären. Und um Sie im Interesse der Gesamtheit zu bitten, mit dieser Messe und der Ohrenbeichte sofort aufzuhören.«

*

Der Abt raffte die Rockzipfel seiner Kutte zusammen, beugte sich dem Feuer zu und starrte in die Flammen. Kinsella stand. Er begann zu sprechen; eine Ader zitterte an seinem Hals, seine Stimme drang laut durchs Zimmer: die Stimme eines Gläubigen, der von seiner Wahrheit überzeugt war. »Vater General erwähnt in seinem Brief die *apertura* mit dem Buddhismus, worüber Sie natürlich schon gelesen haben. Vielleicht kommt es Ihnen so vor, als hätte das nichts mit dem Leben hier auf Ihrer Insel zu tun, aber glauben Sie mir, es hat damit zu tun. Vater General ist der Präsident des Ökumenischen Sonderrats, der im nächsten Monat die Bangkok-Gespräche eröffnen wird. Es ist das erste Mal, daß ein Ordensoberhaupt derart ausgezeichnet wurde, und jeder Skandal im Zusammenhang mit dem Alban-Orden würde, wie Sie sich vorstellen können, für den Vater General bei den Gesprächen äußerst peinlich werden. Es ist sein dringender Wunsch, daß Sie verstehen, in was für einem besonders heiklen Stadium dieser Verhandlungen er sich befindet. Die Bonzen-Demonstrationen in Kuala-Lumpur waren, so scheint uns, nur der Beginn der gegnerischen Taktik.«

Der Abt drehte sich auf seinem Stuhl herum und blickte zu seinem Gast auf. Er sagte nichts. Dann erhob er sich und trat an die Fenster seines Wohnzimmers. Das bleiche Licht eines irischen Sommerabends schwemmte eine späte nördliche Helligkeit ins Zimmer. Der Abt blickte durch die schmalen Scheiben auf den Himmel. Graue Sturmwolken segelten westwärts nach Amerika. Die versunkene Sonne hatte den leeren Himmel in weißblutendes Licht getaucht. »Ich beneide Sie«, sagte der Abt. »Ich bin seit etwa vierzig Jahren Priester, aber ich war nie ganz sicher, weshalb. Es muß eine große Genugtuung sein, zu denken, daß unser Tun in dieser unserer Welt tatsächlich etwas ändern kann. Wenn ich Ihnen jetzt eine Frage stelle, sind Sie

hoffentlich nicht gekränkt. Aber wenn ein junger Mann wie Sie in der Kirche niederkniet, betet er dann? Sprechen Sie tatsächlich Ihre Gebete, das Gegrüßt-seist-du-Maria und das Vaterunser und so weiter?«
»Fragen Sie mich danach, was ich glaube?«
»Ja, wenn Sie so wollen. Es gibt ein Buch von einem Franzosen namens Francis Jeanson, haben Sie einmal davon gehört? Es heißt: *Vom Glauben eines Ungläubigen.*«
»Ich habe es nicht gelesen.«
»Es ist interessant. Er glaubt, daß es für die Christenheit eine Zukunft geben kann, vorausgesetzt, daß sie Gott abschafft. Ihr Freund Gustav Hartmann hat Jeanson in seinen Schriften erwähnt. Der Grundgedanke besagt, daß eine Christenheit, die Gott beibehält, sich nicht länger gegen den Marxismus behaupten kann. Haben Sie nicht von dem Buch gehört?«
»Doch, ich habe davon gehört«, sagte Kinsella. »Aber ich habe es nicht gelesen.«
»Schade. Ich wollte Sie fragen – wegen der Messe zum Beispiel. Was bedeutet Ihnen die Messe?«

*

Kinsella blickte den Abt an, während der Abt in den Abendhimmel hinausschaute. Jetzt war der

Augenblick für die Wahrheit gekommen, wenn auch nur vorsichtig tastend, für einen Teil der Wahrheit. »Ich denke, daß die Messe für mich wie für die meisten Katholiken in der heutigen Welt ein symbolischer Akt ist. Ich glaube nicht, daß das Brot und der Wein auf dem Altar in den Leib und das Blut Christi verwandelt werden, ausgenommen auf eine rein symbolische Art. Deshalb stelle ich mir Gott nicht, wie im alten Sinne, als wirklich gegenwärtig im Tabernakel vor.«

*

Der Abt wandte sich vom Fenster ab. Den Kopf hielt er auf die Seite gelegt, sein Adlergesicht schien spottlustig. »Das ist wirklich erstaunlich«, sagte er. »Und doch scheinen Sie mir das zu sein, was ich einen überzeugten und aufopferungsvollen jungen Mann nennen würde.«
»In welcher Hinsicht ist es erstaunlich, Vater Abt? Es ist der heutzutage in unserer Zeit allgemein vorherrschende Glaube!«
»Glaube – oder Mangel an Glauben«, sagte der Abt. »Ich glaube, ich war für ein anderes Jahrhundert geschaffen. Der Mensch braucht nicht mehr eine gar so große Dosis Glauben zu haben, finden Sie nicht?«

Kinsella lächelte. »Vielleicht nicht.« Er hatte hinzufügen wollen, daß heute die besten Köpfe das Verschwinden der Kirchen zugunsten einer etwas allgemeineren Auffassung der Gemeinde befürworteten – zugunsten einer Gruppe, die sich zu einem *Meeting* traf, um Gott-im-andern zu feiern. Doch dann fand er, daß der Abt für diesen Schritt vielleicht noch nicht bereit sei.

»Ja«, sagte der Abt. »Ich verstehe jetzt, weshalb die alte Messe *non grata* ist. Und weshalb Sie hier sind, um uns zu sagen, wir sollen damit aufhören und Abstand von ihr nehmen.«

»Meine Aufgabe besteht hauptsächlich darin, die Situation zu erklären – einschließlich der speziellen Probleme, die sich dem Orden gegenwärtig bieten –, und natürlich, um bei der Lösung irgendwelcher Übergangsprobleme zu helfen, die sich durch die Touristen oder die Presse ergeben könnten.«

»Sie meinen, wenn wir die alte Messe aufgeben?«

»Ja.«

»Und wenn ich es vorziehe, sie beizubehalten?«

»Ich hoffe, daß das nicht der Fall sein wird.«

»Aber wenn es der Fall wäre, dann hätten Sie die Autorität, gegen mich vorzugehen«, sagte der Abt. »Sie sind der Bevollmächtigte des Generals.«

»Ja, das stimmt.«

»Ich weiß gar nicht, weshalb ich frage«, sagte der Abt. »Der Brief sagt ja alles ganz klar. Ich scheine Bestrafungen auf mich zu laden wie ein Magnet.«
»Keineswegs, Sie scheinen mir ein sehr verständiger Mann zu sein. Und als ein Abt mit bischöflicher Machtvollkommenheit begreifen Sie besser als ich die Notwendigkeit, daß die Rangälteren in unserem Orden zusammenarbeiten und mit einem guten Beispiel vorangehen.«
»Halt, halt! Immer mit der Ruhe!« sagte der Abt und lächelte. »Mir sind in den letzten Wochen furchtbar viel Predigten an den Kopf geworfen worden. Ich weiß, was Sie sagen wollen, und so weiter und so fort. Was ich aber jetzt gleich tun muß: ich muß mich hinsetzen und über diesen Brief vom Vater General nachdenken. Ja, das werde ich tun. Wir können morgen früh weiterreden. Ist Ihnen das recht?«
»Natürlich.«
»Wir wollen Sie hier nicht ewig festhalten, keine Bange. Padraig kann Sie jederzeit, sobald Sie es wünschen, zum Festland hinüberbringen.«
»Gut. Es eilt nicht.«
Der Abt hob das Schüreisen vom Kamin auf und hämmerte damit auf die Steinplatten. »Martin?«
Eine Stimme drang von unten herauf: »Ja, Vater Abt.«

»Bitte bringen Sie unseren Gast in sein Quartier!«
Er wandte sich Kinsella zu und streckte ihm die Hand entgegen. »Schlafen Sie gut, Vater! Und haben Sie Dank, daß Sie nach Muck gekommen sind! Ich werde Sie morgen früh zum Frühstück abholen. Würde Ihnen acht Uhr passen?«
»Ja, gut.«
»Martin?«
»Ja, Vater Abt?« Bruder Martin erschien jetzt am Ausgang des Treppenschachts.
»Stell eine Lampe an die Westmauer. Vater Kinsella sieht nicht wie du, alte Nachteule!«
Bruder Martin lachte wie über einen alten Scherz.
»Hier entlang, Vater!«

*

Schnaufen – ein Geräusch wie von einem Mann, der in ein Feuer bläst, um die Glut anzufachen – warum müssen sie gerade diesen übergewichtigen Mönch für die herzschädigende Aufgabe wählen, die Wendeltreppe hinauf- und hinabzusteigen? Abwärts, abwärts, hinter Bruder Martin her, immer den Blick auf seiner leuchtenden Tonsur.

Durch den muffigen Kampfergeruch der Sakristei und in den Kreuzgang. Bruder Martins Keuchen hat ein erschreckendes Ausmaß angenommen. Am Westeingang öffnet sich ein nicht geöltes Tor mit einem Aufkreischen seiner Angeln, und ein Mönch, der einen stark ausgefransten Mantel über seiner Kutte trägt und dessen Gesicht hinter einem dichten roten Vollbart halb versteckt ist, tritt hervor und winkt. »Vater Kinsella?«
»Ja?«
»Ein Anruf für Sie!«
»Das ist Bruder Kevin«, sagte Bruder Martin. »Ein Anruf aus Dingle. Die Helikopter-Gesellschaft. Wollen Sie dort anrufen?«
»Ich sollte es wohl tun.«
»Dann geh nur, Martin. Ich bringe Vater Kinsella zurück.« Er griff nach Kinsellas Arm. »Kommen Sie rein!«
Und schloß die kreischende Tür. Der Raum war wie ein Bunker. Ein schmales Fenster, vier Meter lang und nur etwa einen halben Meter hoch, erstreckte sich längs der einen Wand und gestattete einen Ausblick auf die Berge und auf eine Bucht, wo auf den Strand hinaufgezogene Boote lagen. Zeitungen, Akten, ein Kurzwellenradio und ein Telefon bildeten ein Durcheinander auf einem langen Holztisch. Die Wände waren mit roten

und weißen Bojen, mit Hummerkörben und verschiedenerlei Angler-Gerät behangen.
»Ich geb's zu, es ist ein wüstes Durcheinander«, sagte der rotbärtige Mönch, und jetzt erkannte Kinsella die rauhe, humorvolle Stimme, mit der er von der Kneipe und von Herns Hotel aus gesprochen hatte. »Soll ich Sie mit Dingle verbinden?«
»Ja. Western Helicopters. Dingle 402, glaube ich.«
»Stimmt. Dan Gavin leitet den Betrieb. Ich kenne ihn.« Er drehte die Kurbel. »Könnten Sie uns Dingle 402 geben, Sheilagh? Besten Dank, Sheilagh!«
Er drehte sich um und betrachtete Kinsella. »Kleiden sich die Priester in Rom nicht mehr wie Priester?«
»Das geistliche Kleid ist freiwillig, ausgenommen bei besonderen Anlässen.«
»Das ist eine großartige Ausrüstung, die Sie da tragen! Schneidig! Sie sehen aus wie ein Soldat!«
Das Telefon läutete. Der Mönch übergab ihm den Hörer. Kinsellas Pilot meldete sich. »Ja, ich rief vorhin an, Vater. Wir haben einen Bericht erhalten, daß gegen Mittag kein Abflug von der Insel mehr möglich ist. Ein böser Sturm vor der spanischen Küste, der sich schnell nähert.«

»Gegen Mittag?«
»Ja. Wahrscheinlich kommen Sie danach auch nicht mehr mit dem Boot weg. Für ganz Kerry sind stürmische Winde vorhergesagt.«
»Aha.« Er hielt das Telefon, während der rotbärtige Mönch ihn gespannt ansah. Kinsellas Gedanken rasten aufgebracht durch eine ganze Szenenfolge. »Also gut«, sagte er. »Versuchen Sie, um neun Uhr herzukommen! Okay?«
»An die gleiche Stelle?«
»Ja.«
»Also um neun. Abgemacht!«
»Gute Nacht! Und besten Dank!«
Rotbarts Lippen verzogen sich zu einem Grinsen. »Sie verlassen uns morgen früh?«
Kinsella lächelte, gab aber keine Antwort.
»Also, dann werden Sie wohl jetzt in Ihr Quartier zurückwollen. Ich zeig' Ihnen den Weg. Hier entlang!«

*

Die Tür kreischte. Sie gingen durch den Kreuzgang zum Westtor hinaus. Dämmerung und das Nachlassen des Lichts trübten den Sommerhimmel über ihnen. Es herrschte starker Wind, die Gräser

längs des verschlammten Weges wurden plattgefegt. Der Mönch schloß die Tür des Gästehauses auf. »Gute Nacht, schlafe sacht, gib schön auf die Wanzen acht!« sagte er und kicherte albern.
»Gute Nacht! Besten Dank!«
»Keine Bange, es sind keine Wanzen da!«
Kinsella schloß sich ein – er wußte nicht, weshalb. Plötzlich spürte er, wie nervös er war. Das mit dem Helikopter könnte ein Fehlgriff gewesen sein. Es wäre vielleicht klüger gewesen, passiv zu bleiben und zuzulassen, daß der Faktor Zufall – das Wetter – dem Abt die Verantwortung übertrug. Kinsella ging ins Bad, putzte sich die Zähne und rasierte sich zum zweitenmal. Er entkleidete sich, zog seinen einteiligen Schlafanzug an und legte sich in das schmale Bett. Bei einem Fanatiker wie Vater Manus, oder sogar bei diesem sehr großen alten Mann, dem Novizenmeister, zeigte der Widerstand sich offen und war deshalb weniger gefährlich. Aber was mochte der Abt wohl denken? Das einzige Argument, das einige Wirkung auf ihn auszuüben schien, kam zutage, als er ins Feuer blickte und sagte: »Ich habe nicht gedacht, daß ich mich damit in Widerspruch zu Rom setzen würde. Gott behüte!« Gehorsam – das war zu guter Letzt die einzige Karte. *Tu es Petrus*. Und auf diesen Felsen will ich meine Kirche bauen.

Und die Pforten der Hölle werden sie nicht erschüttern.
Der Wind hatte ein leichtes Gerassel im Fensterrahmen angestimmt. Unten auf dem felsigen Vorgebirge die Wellen, stetig – wie das Ticken einer Uhr – das Ufer bespülend. Und dann – erschreckend, wie jeder menschliche Laut in einer Einöde – hörte Kinsella eine Stimme, die einen Choral sang.

»Ja, er lebt, der Glaube unsrer Väter
trotz Verlies und Feuer und Schwert.
Oh, wie froh klopft unser Herz,
Hören wir die gute Kunde!
Glaube unsrer Väter, heil'ger Glaube,
sind dir treu bis in den Tod,
sind dir treu bis in den Tod!«

Als der Vers endete, sprang Kinsella aus dem Bett und lief ans Fenster. Niemand. Grasbewachsene Hänge senkten sich zum steinübersäten Ufer. Doch die Stimme war so nahe gewesen! Und jetzt begann sie wieder:

»War'n unsre Väter auch in Ketten,
im Herzen und Gewissen war'n sie frei.«

Er lief an die Haustür, schloß sie auf und ging hinaus. Die Lampe an der Westmauer, um die der Abt gebeten hatte, leuchtete hell und warf ihren Lichtstrahl den Pfad entlang bis zum Ufer hinab. Wer war der Sänger?

»Tröstlich wär' unsrer Kinder Schicksal,
wenn sie gleich ihnen für Dich sterben könnten!
Glaube unsrer Väter, heil'ger Glaube,
sind dir treu bis in den Tod,
sind dir treu bis in den Tod!«

Stille. Er schaute sich um, der Wind zerrte an seinem leichten Zykron-Pyjama, sein Haar wehte ihm in dicken Locken ins Gesicht. Wie stand es denn mit den Verliesen, in die der Glaube unserer Väter so viele arme Seelen geworfen hat, wollte er rufen. Sing weiter, du Saukerl, sing weiter, es bedarf mehr als nur Lieder und Tricks! Ich habe die Macht, zu befehlen und zu ändern. Er kehrte ins Gästehaus zurück und sperrte die Tür zu. Legte sich nieder, überdachte die Gespräche, die Bemerkungen des Abts, die Möglichkeiten. Gegen Mitternacht gebot er seinem Geist, ihn um sieben Uhr zu wecken. Er drehte sich auf die rechte Seite. Gehorsam ließ sein Geist den Schlaf kommen.

*

Um Mitternacht verließ der Abt sein Wohnzimmer und ging die Wendeltreppe hinunter. Er war sich bewußt, daß Regeln überschritten wurden: gewisse Mönche lagen nicht im Bett. Er wußte es auch ohne Beweise so sicher, wie er die meisten Einzelheiten über das Leben auf Muck wußte. In Krisenzeiten waren derlei Dinge zu erwarten. Aber erlaubt waren sie nicht. Als er durch die Sakristei ging und hinter sich die Lampen löschte, hörte er in der Kirche ein Geräusch. Er trat durch die Pforte im südlichen Querschiff ein.

*

Es brannten keine Lichter in der Kirche, ausgenommen eine Kerze vor dem kleinen Marien-Altar, und das Ewige Licht über dem Hauptaltar. Vater Walter und Vater Manus knieten im Halbdunkel Seite an Seite im Chor, ihre Arme anbetend in jener schmerzhaften Stellung erhoben, welche die ausgestreckten Arme des gekreuzigten Christus nachahmt. Hinter ihnen waren die Brüder Sean, John und Michael weniger auffällig ins Gebet vertieft, und auf einer Bank saßen zwei von den ältesten Mönchen, Vater Benedict und Bruder Paul. Das Kommen des Abts wurde nicht bemerkt, obwohl er sich nicht bemühte, leise aufzutreten. Das bedeutete, wie er wußte, daß noch andere Mönche erwartet wurden.

*

»Vater Walter!« sagte der Abt mit lauter Stimme.

*

Aller Augen flogen seitwärts zum südlichen Querschiff. Alle sahen den Abt, der seinerseits jeden einzelnen sehen konnte. Vater Walter ließ seine betenden Arme sinken, richtete sich steif von den Knien auf und ging auf seinen Vorgesetzten zu. Der alte Vater Benedict kniete sich sofort in der Kreuzform-Anbetung neben Vater Manus nieder.

*

Der Abt legte Vater Walter den Arm um die Schultern und zog ihn hinaus in die feuchte Nacht im Kreuzgang.
»Sie machen also mit?«
»Hoffentlich haben Sie gute Nachricht für uns, Tomás?«

»Ich habe keine Nachricht. Ich habe Ihnen eine Frage gestellt.«
»Ja. Ich bin der Anführer.«
»Das sind Sie nicht! Daß Sie Ihren Sünden eine Lüge hinzufügen, kann dem törichten Ziel, das Sie im Sinne haben, auch nicht nützen.«
»Sie wissen sehr gut, was ich im Sinne habe. Es ist das, was wir alle im Sinne haben.«
»So? Wissen Sie, was *ich* im Sinne habe?«
»Gott um Hilfe bitten, ist keine Sünde.«
»Das Gebot des Gehorsams übertreten ist eine Sünde.«
»Tomás, Sie werden sich doch nicht über uns ärgern, wie?«
»Ich bin sehr enttäuscht. Ich wünsche, daß Sie hineingehen und den anderen sagen, sie sollen sofort zu Bett gehen!«
Über Vater Walters Gesicht breitete sich ein glückliches Lächeln. »Dann sind also unsere Gebete erhört worden!«
»Nichts dergleichen. Auf den Feldern und in der Abtei ist Arbeit zu verrichten. Die Boote müssen zu den Hummerkörben hinausfahren und mittags zurück sein. Vor Slea Head ziehen die Makrelen, und ich wünsche, daß die Netze ausgeworfen werden. Wir leben von der Arbeit; das habe ich hundertmal gesagt. Wir sind kein kontemplativer Orden.«

»Das hier ist ein Fall, wo nur die Macht des Gebets helfen kann.«

»Man kann eine Klostergemeinschaft nicht wie ein Ferien-Camp führen, Walter, wo die Leute, wie's ihnen gerade in den Sinn kommt, die ganze Nacht aufbleiben, ohne jemanden um Erlaubnis zu fragen. Ich habe alle gebeten, sich genauso wie sonst zu verhalten, solange der Gast im Hause ist. Sie enttäuschen mich, Walter!«

»Es war mein Fehler, ja, mein Fehler, Vater Abt.«

»Ich weiß, wer der Anführer ist; es hat keinen Sinn, so zu tun, als wären Sie es. Sie sind schließlich mein Stellvertreter. Wenn ich mich nicht darauf verlassen kann, daß Sie einen Befehl ausführen, worauf kann ich mich dann verlassen?«

»Es tut mir leid, Tomás. Ich werde sie zu Bett schicken.«

»In zehn Minuten wünsche ich niemanden mehr zu sehen! Und ich wünsche auch keine frommen Vigilien in den Zellen! Verstanden? Das Frömmste, das jeder einzelne von Ihnen tun kann, ist, am Morgen für die Arbeit auf dem Posten zu sein. Und jetzt – gute Nacht!«

»Gute Nacht – und Gottes Segen«, sagte Vater Walter.

*

Der Abt ging durch den Kreuzgang zu einer Mauernische, wo in einem Archivschrank Holz gestapelt lag. Er untersuchte das Schloß, das zerbrochen sein sollte, wie Bruder Kevin berichtet hatte. Es war zerbrochen. Er hörte sie hinter sich im Kreuzgang, drehte sich aber nicht um, bis alles still war. Dann ging er zurück in die Kirche.

*

Eine dunkle Kirche: nur das flackernde Ölflämmchen des Ewigen Lichts über dem Hauptaltar und das Sprühen einer dicken Fünf-Tage-Kerze unterhalb des kleinen Altars Unserer Lieben Frau. Der Abt machte gewohnheitsmäßig die Kniebeuge, als er in den Chor trat, und ließ sich dann schwerfällig auf einer der Bänke nahe dem Marien-Altar nieder. Er blickte auf die Kerze am Fuße des Altars. Vater Donald hatte sie angezündet. Jedes Jahr schickte Vater Donalds Mutter ein wenig Geld, wovon er sich Dinge wie warme Handschuhe und Halstücher kaufen sollte. Jedes

Jahr benutzte er es für Kerzen, die er in sorgenvollen Zeiten vor dem Altar Unserer Lieben Frau anzündete. Kerzen wie in Lourdes. »Lourdes ist nicht mehr in Betrieb«, hatte heute abend der Gast des Abts gesagt. Lourdes, dieser traurige und furchtbare Ort! Der Abt dachte an seinen eigenen Besuch in Lourdes und erinnerte sich an die Tausende über Tausende von aufgeschichteten Kerzen in der Grotte, wo die Jungfrau einem unwissenden französischen Mädchen erschienen sein sollte. Mit vier anderen Priestern war er auf einer Pilgerfahrt dort eingetroffen und hatte am ersten Morgen den Altar besucht, wo an den Wänden der Grotte Myriaden von Krücken und Bruchbändern hingen, dann das medizinische Büro mit seinen Zeugnissen über Wunderheilungen, die kitschigen Devotionalien-Supermärkte, die mit Rosenkränzen und kleinen Statuen vollgestopft waren, und die langen Reihen der Tragbahren und Rollstühle, auf denen die Hoffnungslosen und Kranken lagen, und das stinkende Gewässer des wunderwirkenden Badeteichs. Gegen Mittag hatte sich der Abt in sein Hotelzimmer geflüchtet, wo er sich unter dem Vorwand einer Magenverstimmung einschloß und niemanden sah, bis es Zeit war, mit dem nächsten Pilgerzug abzufahren. Zwei Tage hatte er auf seinem Zimmer verbracht und versucht, nicht an das Gesehene zu denken, hatte versucht, zu beten.

*

Es war nicht das erstemal. Schon früher hatte es Augenblicke gegeben, manchmal auch Stunden, sogar Tage, wo daheim auf Muck oder in einer Kirche auf dem Festland die böse Zeit über ihn gekommen war, die Zeit, da er auf den Altar blickte und die Hölle der Metaphysiker erlebte: die Hölle jener, denen sich Gott entzog. Wenn sie über ihn kam, konnte er nicht beten; die Gebete schienen falsch oder ohne jeglichen Sinn. Dann fing er an zu zittern, in einer Furcht und in einem Zittern, das eine Art Fegefeuer war, welches die wahre, bevorstehende Hölle ankündete, die Hölle des Nichtfühlens, dieses Nichts, diese Leere. Ein Mann, der das Habit eines Mönchs trug, in einem Gebäude saß und auf einen Tisch starrte, Altar genannt, auf welchem ein Kasten stand, Tabernakel genannt, und in dem Tabernakel ein Kelch mit einem Deckel, Ziborium genannt, und im Ziborium lagen zwölf runde Oblaten ungesäuerten Brotes, das die Schwestern von Kloster Knock gebacken hatten, in Knock in der Grafschaft

Mayo. Das ist alles, was da ist. Das ist alles, was im Tabernakel in diesem Gebäude ist, welches das Haus Gottes sein soll. Und der Mann, der vor dem Tabernakel sitzt, ist ein Mann mit dem treffenden Titel *prelatus nullius*, niemandes Prälat, niemandem gehörend. Nicht Gottes Abt, obwohl er manchmal versucht, die Worte zu sagen: »Unser Vater, der du bist im Himmel« – aber es gibt keinen Vater im Himmel, Sein Name wird nicht geheiligt durch diese Worte, Sein Reich wird nicht kommen zu dem, der dasitzt und auf das Tabernakel starrt, der, wenn er zu beten versucht, in dieses Nichts tritt, der, wenn er drinnen ist, drinnen bleiben muß, Tag um Tag, Wochen, die zu Monaten und, manchmal, wie damals nach Lourdes, zu einem Jahr werden.

*

Lourdes war die schlimmste Zeit: es war nicht das erste Mal, und es würde nicht das letzte Mal sein. Falls er versuchte zu beten. Daher vermied der Abt das Gebet. Man konnte vorgeben, eine Vorliebe für private Andachten zu haben. Man konnte die Messe für sich allein feiern. Er las nicht mehr das tägliche Offizium. Was die öffentlichen Gebete betraf, so waren immer andere da, erpicht darauf, sie anzuführen. Manchmal mußte man ein Dankgebet sprechen. Man sprach die Worte, aber man betete nicht. Wenn man sich nicht in Gefahr begab und Gott anrief, gefährdete man seinen Seelenfrieden nicht. Er wurde hier gebraucht. Er verrichtete seine Arbeit. Aber er betete nicht. Gebetet hatte er nicht seit – oh, er wollte nicht darüber nachdenken. Seit langer Zeit nicht. Seit einigen Jahren nicht.

*

Heute nacht saß er in der Kirche wie ein Mann in einem leeren Wartesaal. Nach einigen Minuten hallten Schritte im Schiff. Der Abt drehte sich nicht um. Der, den er erwartet hatte, war gekommen.
Vater Matthew, einsfünfundneunzig groß, der größte Mann auf Muck, kam mit einem Schritt wie ein gepanzerter Ritter den Mittelgang der Kirche herauf. Novizenmeister ohne Novizen, eine autoritäre Gestalt, der die Befehlsgewalt versagt war, in der er sich vielleicht ausgezeichnet

hätte. Vor langer Zeit waren er und der Abt in Kilcoole auf dem Seminar Klassenkameraden und Konkurrenten um den ersten Preis in Latein gewesen. Damals stand die Welt im Krieg, Winston Churchill mußte mit einem hartnäckigen, rechtschaffenen, sehr großen jungen französischen General fertigwerden, der die französischen Streitkräfte unter dem Banner des Lothringer Kreuzes anführte. Damals wie heute glich Vater Matthew körperlich und im Temperament dem General de Gaulle. Und damals wie jetzt wußte der Abt, was Churchill meinte, wenn er sagte: »Das Kreuz, das ich zu tragen habe, ist das Kreuz Lothringens.« Vater Matthew, unnachgiebig in seinen Skrupeln und kriegerisch in seinem religiösen Eifer, war selbst im Alter nicht der Mann, dessen Pläne man durchkreuzen konnte. Jetzt, da ihn sein schlohweißes Haar und der Bart im tiefen Dunkel wie einen Geist wirken ließen, marschierte er auf den Altar zu und bewegte die Lippen in gemurmelten Gebeten.
»Vater Matthew!«
Vater Matthew blieb stehen, als sei er durch einen unsichtbaren Zaun zum Stillstand gebracht worden. Sein großer Kopf sondierte die Schatten.
»Aha, Vater Abt! Und wo sind die anderen?«
»Welche anderen?«

»Für die Vigilie!«
»Was für eine Vigilie?«
»Es ist eine Vigilie zu Ehren Unserer Lieben Frau. Wir beten darum, daß wir die lateinische Messe auf Mount Coom und hier in Muck beibehalten dürfen.«
»Die anderen Mönche sind im Bett. Ich habe sie zu Bett geschickt.«
»Und warum haben Sie das getan, Vater Abt?«
»Weil ich hier die Verantwortung habe.«

*

Vater Matthew seufzte hörbar.

*

»Vater Matthew, es ist einige Jahre her, seit ich mich damit befassen mußte, Sie zurechtzuweisen. Unsere Meinungsverschiedenheiten vergangener Tage wieder aufzunehmen wäre das letzte, was ich tun möchte. Morgen früh sind Arbeiten zu verrichten. Wollen Sie bitte zu Bett gehen!«
»Ich habe Unserer Lieben Frau ein feierliches Gelübde abgelegt, ihr zu Ehren heute nacht eine Vigilie abzuhalten.«

»Als Sie zum Mönch des Sankt Alban ordiniert wurden, haben Sie ein feierliches Gelübde abgelegt, Ihren Vorgesetzten zu gehorchen. Gehen Sie zu Bett!«

Vater Matthew stand unbeweglich, groß wie ein steinerner Rundturm. »Darf ich Sie dann fragen, Vater Abt, was Sie wegen Mount Coom entschieden haben?«

Von seiner Bank aus blickte der Abt kalt auf die Gestalt im Mittelgang. »Rom hat mich informiert, daß die Messe jetzt nur noch symbolischen Charakter hat. Verstehen Sie, was ich sage?«

»Das ist Ketzerei, klipp und klar.«

»Warum ist es Ketzerei, Vater Matthew?«

»Weil die Messe das tägliche Wunder des katholischen Glaubens ist: die Messe, bei der Brot und Wein durch den Priester in den Leib und das Blut Jesu Christi verwandelt werden. Was wäre die Kirche ohne das?«

»Dann beruht also unser Glaube an Jesus Christus und Seine Kirche auf einem Glauben an Wunder. Ist es so, Matthew?«

»Natürlich ist es so. Der heilige Augustin hat gesagt: ›Ich wäre kein Christ, wenn nicht die Wunder wären.‹ Und Pascal hat gesagt: ›Wäre es nicht wegen der Wunder, dann wäre es keine Sünde, nicht an Jesus Christus zu glauben.‹ Ohne ein

Wunder wäre Christus nicht aus seinem Grab auferstanden und gen Himmel gefahren. Und ohne das gäbe es keine christliche Kirche.«

*

»Unser Gast bringt einen Befehl vom Vater General. Würden Sie sich dem Befehl beugen, Vater Matthew, selbst wenn der Befehl Sie anwiese, die Messe nicht als ein Wunder zu betrachten, sondern nur als ein, sagen wir, frommes Ritual?«
»Nichts liegt mir ferner, als meinen Vorgesetzten zu widersprechen«, donnerte Vater Matthew los, »aber ich schäme mich, solche Reden von Ihnen zu hören – und hier unter Gottes Dach!«
»So, tun Sie das?« sagte der Abt und war plötzlich müde. »Aber andererseits scheint es, daß Sie sich nicht schämen, gegen den Befehl Ihrer Vorgesetzten zu *handeln*. Sogar bis zum offenen Ungehorsam.«
»Ich finde nicht, daß ich jemals ungehorsam gegenüber unserer Ordensregel gewesen bin.«
»Es wurde Ihnen gesagt, daß es heute nacht keine Vigilien oder besondere Zeremonien geben dürfe.«
»Ich habe meinem Gewissen entsprechend gehandelt, Vater Abt!«

»Ach, wirklich? Und war es Ihr Gewissen, das Sie vor einer Weile ans Ufer hinuntergeschickt hat, Choräle zu singen, um unseren Gast zu ärgern?«

»Ich habe einen Choral gesungen, ja. Ist er ein solcher Heide, daß ihn das Singen eines katholischen Kirchenliedes beleidigt?«

»Halten Sie den Mund!« schrie der Abt. »Gehen Sie in Ihre Zelle! Morgen vor dem Abendessen erwarte ich vor dem gesamten Ordenskapitel eine Entschuldigung für Ihr Benehmen. Ich habe genug von Ihnen gehabt, Matthew, all die Jahre! Unverschämtheit und Ungehorsam sind das Gegenteil jedes einzelnen Gelübdes, das Sie abgelegt haben, als Sie Mönch wurden. Schämen Sie sich nicht?«

»Vater Abt, ich bitte Sie demütig um Entschuldigung, da Sie verlangen, daß ich mich entschuldige«, sagte Vater Matthew. In all den zwanzig Jahren hatte der Abt nie in diesem Ton zu ihm gesprochen. Erschüttert, aber bemüht, es nicht zu zeigen, drehte Vater Matthew sich um und machte vor dem Altar seine Kniebeuge. Als er sich aufrichtete, machte er das Zeichen des Kreuzes. »Da Sie mir befehlen, mich zurückzuziehen, gehorche ich Ihrem Befehl.« Er wandte sich ab und ging mit schweren Schritten wieder den Mittelgang hinab – dorthin, woher er gekommen war. Die Tür am Ende des Kirchenschiffes knallte zu.

*

Der Abt seufzte. Vor Jahren wäre er jetzt niedergekniet und hätte einen Akt der Reue wegen seines ungezügelten Temperaments dargebracht. Aber vor Jahren war er in vielen Dingen so sicher gewesen. *Aggiornamento* – war es das, womit die Unsicherheit begonnen hatte? Änderungen der Lehre. Sich als letzte Autorität einsetzen. Auflehnung. Er blickte auf das Tabernakel. Auflehnung. Der Anfang des Zusammenbruchs. Und vor langer Zeit hatte dieser wackere Tugendbold in Wittenberg seine Gehorsamsverweigerung an die Kirchentür genagelt.

*

Der Abt erhob sich. Er machte keine Kniebeuge vor dem Altar. Er ging durch das Seitenschiff und in die Nacht hinaus.

III

Kinsella erwachte um sieben Uhr. Im Rechteck des Fensters über seinem Bett war der Himmel schon hell. Möwen schwebten durch die Luft wie Drachen, die von einer unsichtbaren Schnur gehalten wurden. Als er, angekleidet und rasiert, die Tür des Gästehauses öffnete und hinaustrat, schlug ihm das Tosen der Brandung und das lang anhaltende Rauschen zurückflutenden Wassers entgegen. Ihm zu Häupten die Begleitstimmen der Möwen. Ihr heiseres, verzweifeltes Kreischen schien einen Todesfall zu bejammern. Die Winde peitschten die langen Grashalme wie Kreisel, wirbelten sie hierhin und dorthin. Der ungeheure, gehetzte Himmel verschob seine Kulissen zerfetzter Wolken. Von der Bucht unten stachen vier leichte Boote in See. Ein fünftes schaukelte weit draußen und wartete auf die anderen. Die Mönche in ihrem schwarzen Ölzeug, naß wie Seehunde, stießen ihre Boote verbissen über mannshohe Wellen, um tieferes Gewässer zu erreichen. Die tägliche Arbeit hatte begonnen. Kinsella wandte sich dem Lande zu. Er spürte die Einsamkeit des Inseldaseins, das Gefühl des Gefangenseins hier auf einem kahlen Felsen am Rande Europas, umgeben von der Trostlosigkeit des Ozeans. Vor sich auf einem abschüssigen Feld sah er jetzt vier Mönche mit hochgeschürzten Röcken, die, schwere schwarze Erdklumpen an ihren Spaten, das Feld umgruben. Vom Kloster her roch er den feinen Duft der Torffeuer. Ein alter Mönch, der im Klostereingang wartete, sah Kinsella draußen vor dem Gästehaus stehen, winkte ihm zu und begann ihm auf dem schlammigen Pfad unterhalb der Westmauer des Klosters entgegenzueilen. Der Mönch war nicht der Abt von Muck.

*

Er kam näher: Vater Manus, groß, weißhaarig und knabenhaft, mit dem einschmeichelnden Lächeln irischer Landleute. »Ah, guten Morgen, Vater! Hoffentlich haben Sie gut geschlafen?«
»Ja, danke!«
»Vater Abt bat mich, Sie zu fragen, ob Sie heute früh die Messe lesen wollten. Es könne leicht so eingerichtet werden.«
Vater Kinsella sagte, er wolle es nicht.
»Dann wollen wir Ihnen ein Frühstück vorsetzen, ja?«
»Der Abt wollte mich um acht Uhr hier treffen. Soll ich vielleicht warten?«
»Ach, er hat sich ein bißchen verspätet. Er hat mir

gesagt, ich soll mich um Sie kümmern. Er versucht, Galway telefonisch zu erreichen. Wir haben letzte Woche Algen nach Galway verschifft, und sie liegen noch immer in den Güterschuppen.«
»Algen?«
»Getrockneter Seetang. Schmeckt ganz gut. Wird auch ins Ausland verkauft. Haben Sie nie davon gehört?«
»Leider nicht.«

*

Im Refektorium waren die Frühstücksteller bereits abgeräumt worden. Der alte Küchenmönch steckte seinen Kopf durch den Türspalt. »Zwei gekochte Eier oder eins?«
»Eins, bitte!«
Der zweite alte Mönch erschien jetzt mit einer Kanne Tee und selbstgebackenem Brot.
»Butter für unseren Gast! Und Marmelade!« sagte Vater Manus besorgt.
»Ich hol's ja schon«, erwiderte der alte Mönch verdrießlich.
»Wir essen nämlich Marmelade nur bei besonderen Anlässen«, erzählte Vater Manus.

»An Festtagen«, sagte der alte Mönch und lachte unerwartet.

»Dann überlasse ich Sie jetzt Ihrem Frühstück«, sagte Vater Manus und zog sich zurück.

Der zweite alte Mönch erschien und trug auf einem Teller ein gekochtes Ei. Kinsella spürte, was von ihm erwartet wurde, senkte den Kopf und sprach still ein ökumenisches Dankgebet. Niemand sprach heutzutage für sich allein ein Dankgebet. Dankgebete wurden öffentlich und nur in gemischten ökumenischen Gruppen gesprochen. Der alte Mönch zog sich zurück. Die Küchentür schloß sich. Kinsella war allein im Refektorium.

*

Es war zehn nach acht. Die Abwesenheit des Abtes konnte sehr wohl Absicht sein. *Hartmann, der in seinem Rückenkorsett hing und auf seinem orthopädischen Stuhl mehr zu schweben als zu sitzen schien, verhakte und löste seine sommersprossigen Finger über den äußeren Lenkrädern.* »*Die Methode war fast immer die gleiche. Als die Bischöfe beschlossen hatten, unsere Bitten abzulehnen, ließ man uns warten. Konferenzen wurden abgesagt und Interviews hinausgezögert. Entschuldigungen wurden ohne Überzeugung vorgebracht. Man muß ihnen, solange man selbst die Revolution verkörpert und sie die Tradition, zeigen, daß die Revolution der etablierte Glaube ist, der sich behaupten wird. Macht ist der Begriff, den sie immer verstanden haben. Benutzt sie, und benutzt sie von Anfang an!«* Wenn dieses Kloster so organisiert war wie andere, würde der Abt den genauen Zeitpunkt wissen, wann der Helikopter fällig war, und er könnte sogar fast bis zum Augenblick des Abflugs warten, um mit einer Verzögerungstaktik aufzuwarten oder eine Kompromißlösung ins Spiel zu bringen. Das ging nicht an. Kinsella konnte unter Androhung einer Versetzung augenblicklich die Einwilligung erlangen. Es könnte sofort ein stellvertretender Abt eingesetzt werden. Der Abt wußte es vielleicht nicht, aber nach den ökumenischen Bestimmungen hatte er das Recht, beim Amsterdamer Weltrat Berufung einzulegen. Er würde natürlich verlieren, aber der Fall könnte sich monatelang hinschleppen. Und in der Zwischenzeit konnte er nicht abgesetzt werden. Eine solche Konfrontation mußte vermieden werden. Vor allem würde es bestimmt einen Medien-Zirkus mit dem Abt als Märtyrer zur Folge haben. Wenn also der Abt seine Rechte kannte, so kannte Kin-

sella auch den Haken, den sie bargen. Nach den ökumenischen Bestimmungen mußte der Abt, ehe er seinen Fall dem Amsterdamer Weltrat vortrug, zuerst eine direkte Konfrontation mit seinem Ordensgeneral gehabt haben. Dieser Ordensvorgesetzte, Vater General Humbertus von Kleist vom Orden des heiligen Alban, Großkanzler des Päpstlichen Athenäums von St. Vincente, würde dem Abt bei seiner Ankunft in Rom gegenübertreten. Der Abt würde stark sein müssen, sehr stark.
Aber Kinsella spürte, daß es nicht dahin kommen würde. Es gab Mittel, die Entscheidungen leicht abzuwandeln, Mittel, die Absichten des Gegners zu erforschen, ohne faktisch einen bindenden Zug zu machen.

*

»War das Ei frisch?«
Der Abt war ohne das geringste Geräusch ins Refektorium getreten. Er stand hinter seinem Gast, hatte die Daumen in den breiten Ledergürtel gehakt, an den sein Rosenkranz geknüpft war, und sein Gesicht strahlte ein mildes Morgenlächeln.
»Köstlich!«

»Von unseren eigenen Hühnern! Im vergangenen Monat haben sie nicht gelegt, aber meistens tun sie ihre Pflicht. Hoffentlich haben Sie gut geschlafen?«

»Ja. Und Sie?«

»Ich bin erst spät ins Bett gekommen«, sagte der Abt, schwang sein Bein über die Refektoriumsbank und nahm gegenüber von Kinsella Platz. Sofort erschien der alte Küchenbruder – als hätte er durch eine Ritze in der Tür gelauert. Er stellte einen Napf vor den Abt und goß schwarzen Tee ein, dann ging er am Tisch entlang und wischte die Oberfläche mit einem Geschirrtuch ab. Der Abt blickte in seinen Napf. »Manchmal wünschte ich, meine Eingeweide wären mit Blech ausgekleidet, so wie früher die alten Teekisten. Auf Tee bin ich ganz versessen.« Er blickte den langen Tisch entlang. »Bruder Pius, gehen Sie bitte wieder an Ihre Arbeit!«

»Ich arbeite ja«, erwiderte der alte Bruder mürrisch, hörte aber auf, den Tisch abzuwischen, und ging wieder in die Küche.

»Überall die größte Neugier«, sagte der Abt. »Die Wände haben nicht nur Ohren, sie haben auch Zungen. Heute in aller Frühe berichteten sie mir, daß um neun der Helikopter hier erwartet wird. Stimmt das?«

»Gegen Mittag soll ein schwerer Sturm heraufziehen.«
»Ja, es gibt Sturm«, sagte der Abt. »Ich hörte es übers Radio. Im Laufe des Tages wird er hiersein. Das ist sicher. Und es wird regnen, kann jederzeit anfangen. Aber das ist nichts Neues. Regen ist das, was wir hier am meisten haben.«
Kinsella nickte und hoffte, ihn zu weiterem Sprechen zu ermuntern.
»Sie reisen also ab«, sagte der Abt.
»Ich hoffe es.«
»Ja«, sagte der Abt. »Sie haben recht, abzureisen. Es hat keinen Sinn, sich hier zu versäumen. Sie haben Ihren Brief abgegeben und damit alles Notwendige erledigt.«
»*Beinah* alles«, sagte Kinsella sehr vorsichtig. In dem großen Speisesaal war es lange still.
Plötzlich rief der Abt: »Bruder Pius und Bruder Malachias, wer ist bei euch in der Küche?«
»Kein Mensch, Vater Abt!«
»Also, dann macht euch an die Arbeit! Laßt's mich auch hören!«
Auf einmal wurde mit Töpfen geklappert, und das Rauschen fließenden Wassers war zu hören. Der Abt horchte, um sich zu überzeugen, daß es anhielt. Dann legte er auf seine eigentümliche Art den Kopf auf die Seite und blickte Kinsella an.

»*Beinah* alles, sagten Sie? Ist denn sonst noch etwas?«

»Sie haben mir nicht gesagt, was Sie tun wollen. Ich finde, ich sollte nicht abreisen, bevor ich das weiß.«

»Tun?« sagte der Abt. »Ich werde das tun, was mir befohlen wurde. Vater Generals Brief ist vollkommen eindeutig. Keine lateinische Messe mehr, weder hier noch auf Mount Coom. Keine Ohrenbeichte mehr. Das ist doch sein Wunsch, nicht wahr?«

Kinsella sah ihn an; der Helikopter jetzt unterwegs, die späte Ankunft des Abts, die unerwartete Kehrtwendung, der verdächtige Gehorsam. Wo war da die Falle, fragte er sich, noch während er nickte, ja, ja, das war's tatsächlich, was der Vater General gewünscht hatte.

»Dann wird es geschehen«, sagte der Abt. »Ich hatte kein Recht, Entscheidungen zu fällen, die meinen Vorgesetzten zukommen. Ich habe einen Entschuldigungsbrief an Vater General geschrieben und möchte Sie bitten, ihm den Brief auszuhändigen.«

»Ja, natürlich.« Wo war da die Falle? Irgendwo mußte eine Falle sein.

Der Abt holte einen Brief aus der Innentasche seiner Kutte. »Ich habe ihn nicht verschlossen. Sie können ihn lesen, wenn Sie wollen.«

Kinsella steckte den Brief sorgfältig und ungelesen in die Innentasche seines Drillichanzugs.
»Warum?« fragte er.
»Wieso warum? Warum Sie den Brief lesen sollen?«
»Nein. Warum haben Sie so gehandelt?«
»Weil es meine Pflicht ist, zu gehorchen.«
»Ja, aber anfangs fanden Sie, es sei Ihre Pflicht, nicht zu gehorchen – die alte Messe beizubehalten und so weiter.«
Der Abt drehte sich um und blickte auf die Küchentür. »Die da sind sehr neugierig«, sagte er. »Lassen Sie uns hinausgehen! Sie wollen sicher Ihre Reisetasche holen?«
»Ja, natürlich!«

*

Sie schritten durch den Kreuzgang hinüber zum Westtor. Der Wind versprühte Regenspritzer, als der Abt und sein Gast den schlammigen Pfad betraten, der zum Gästehaus führte. Der Abt nahm Kinsellas Arm. »Ich wollte es nicht vor denen da erklären«, sagte er nervös. »Denn sehen Sie, das ist das Entscheidende: wie ich's ihnen beibringe!

Manche von ihnen sind sehr fromm. Sie werden es kaum bewältigen können. Ja, es wird alles andere als leicht sein. Ich muß Ihnen gestehen, daß ich mich ein wenig davor fürchte.«

»Wäre es Ihnen lieber, wenn ich es ihnen mitteile?«

»O nein, nein, nein«, sagte der Abt. »Ich möchte, daß Sie abreisen. Ich möchte, daß Sie abreisen, ehe sie es erfahren. Glauben Sie mir, sie würden Ihnen keine Ruhe lassen, wenn sie wüßten, was jetzt nur Sie und ich wissen.«

Er senkte den Kopf und griff den Arm seines Gastes fest, als sie es mit dem Wind aufnahmen.

»Sie haben mich gefragt, warum ich so gehandelt habe. Ich möchte nicht, daß Sie denken, es sei aus übergroßem Eifer geschehen. Im Gegenteil, es ist eher ein Mangel an Eifer. Aber das ist ja gleichgültig, nicht wahr? Es interessiert niemanden außer mir.«

»Mich interessiert es«, sagte Kinsella.

»Ich bin kein frommer Mann«, sagte der Abt. »Gewiß nicht! Ich möchte nicht unter falscher Flagge segeln. Es gibt hier ein paar fromme Männer, glaube ich. Auf Muck, meine ich. Aber ich gehöre nicht zu ihnen. Ich bin ein sehr weltlicher Mann geworden. Verstehen Sie, was ich meine?«

»Ich glaube nicht.«

»Ich bin hier eine Art Aufseher, eine Art Betriebsleiter. Es unterscheidet sich nicht sehr von einem weltlichen Posten. Die Mönche leisten schwere Arbeit, und meine Aufgabe ist es, sie zusammenzuhalten und darauf zu achten, daß etwas dabei herausschaut. Unser Leben hier ist einfach. Kleine Scherze, kleine Triumphe, kleine Mißgeschicke. Wir sind wie eine Schar Kinder, wir verbringen die Tage, als hätten wir einen unerschöpflichen Vorrat von ihnen. Nur, wenn jemand wie Sie hierherkommt, fragen wir uns, wozu wir hier sind. Was tun wir schon Gutes?«

*

Der Abt blieb vor der Tür zum Gästehaus stehen. Er drehte den Schlüssel um und stieß die Tür auf. »Oh, Sie sind ein ordentlicher Mensch! Die Tasche ist gepackt. Sie reisen mit leichtem Gepäck. Das ist gut so. Ich trage Ihnen die Tasche!«
»Nein, bitte nicht!«
»Also nicht. Gehen wir jetzt zum Feld. Es ist beinah neun. Ich möchte, daß Sie gehen, verstehen Sie, und dann muß ich mich wappnen. Muß die Suppe auslöffeln. Es hängt alles davon ab, wie

man's ihnen sagt. Wenn man die Verantwortung hat, muß man fest sein. Wie auch Vater General fest ist. Und Sie. Was hätten Sie getan, wenn ich gesagt hätte, ich wolle dem Befehl nicht Folge leisten?«
Kinsella lachte, sagte aber nichts.
»Sie haben recht, lieber nicht fragen. Übrigens, wenn die Presse und die Fernsehleute herkommen – was möchten Sie, soll ich ihnen dann sagen?«
»Verweisen Sie alle Anfragen an mich. James Kinsella, Ökumenisches Zentrum, Informations-Büro, Amsterdam.«
»Das werde ich tun«, sagte der Abt. »Gehen wir hier quer übers Feld! Sehen Sie sie da oben, wie sie warten?«

*

Weiter oben, auf dem Feld, wo Kinsella gestern landete, waren etwa zehn oder fünfzehn Mönche versammelt; sie blickten sich um, den Regen nicht beachtend, und suchten in jeder Richtung den Himmel ab. »Sie sollten bei ihrer Arbeit sein«, sagte der Abt. »Natürlich werden sie sich auf mich stürzen, sowie Sie weg sind! Übrigens, wenn sie Sie jetzt fragen, antworten Sie nicht! Überlassen Sie es mir, mit ihnen fertig zu werden.«

*

Als sie das Feld hinaufkamen, wandten sich die Mönche um und sahen zu ihnen herüber. Im gleichen Augenblick ertönte über ihnen das Geräusch eines Motors. »Ihre Maschine ist auf dem Wege«, sagte der Abt und blickte auf.
»Ich sehe sie nicht.«
»Ich aber. Dort drüben! Da kommt sie! Auf die Minute.«
Drei Mönche trennten sich von der größeren Gruppe. Der älteste von ihnen, ein sehr großer Mönch mit weißem Haar und Bart, vertrat dem Abt den Weg. »Haben Sie uns etwas mitzuteilen, Vater Abt?«
»Sind die Pferde vom unteren Feld heraufgeholt worden, damit sie die Ladung Dung zu Dorans bringen können?«
»Ja. Darf ich unserem Gast eine Frage stellen?«
»Nein«, sagte der Abt. »Laßt uns vorbei!«
Widerwillig trat der große Mönch zur Seite. Der

Abt, der noch immer den Arm seines Gastes gepackt hielt, drängte ihn voran. »Er ist ein frommer Mann«, sagte er. »Aber etwas ermüdend!«
»Sie haben tatsächlich Verdruß zu erwarten.«
»Keinen Verdruß, nein. Es ist bloß schwierig. Ah, da kommt sie ja, die wilde Kaffeemühle!«

*

Der Motorenlärm machte jedes weitere Gespräch unmöglich, bis der Helikopter gelandet war und der Motor abgedrosselt wurde. »Sie haben meinen Brief, nicht wahr?«
»Ja, ich habe ihn.«
»Also dann, gute Rückkehr nach Rom! Und alles Gute für Sie, Vater Kinsella!«
»Ihnen auch alles Gute, Sir!«
Der Regen prasselte jetzt sehr heftig herunter, als der Pilot die Plexiglastür aufschob. Kinsella reichte seinem Gastgeber die Hand, dann duckte er sich und lief zum Helikopter. Der Pilot streckte die Hand aus, um ihn hinaufzuziehen. Die Tür schloß sich. Die Mönche – ein verworrener Kreis – schienen näherzudrängen. Doch in dem Augenblick stieg der Helikopter auf, neigte sich vorn-

über und schwebte aufs Meer hinaus. Der Abt stand allein; er winkte und winkte. Die anderen Mönche standen zu einem Knäuel gedrängt und starrten zum Helikopter auf, der über den Turm der Abtei flog – hinaus in die Herrlichkeit der See. Kinsella sah den alten Mann, eine winzige Gestalt auf der Landzunge, wie er sich umdrehte und zur Klosterpforte zurückging. Die Mönche folgten ihm, dicht zusammengedrängt – wie ein Rudel!

*

Und hörte ihre schurrenden Schritte, ihre Stimmen, Geflüster wie in der Kirche in jenem Augenblick, wenn am Schluß der Einkehr wieder gesprochen wird; das Gemurmel nahm zu, bis es (obwohl er wußte, daß es nicht mehr als zwanzig Mönche waren) sich so anhörte, wie sich seiner Meinung nach ein Pöbel anhören mußte. Und er wußte, wer da war und wer nicht da war, wußte, daß die acht Fischer, die bei Gemeinschaftsdebatten stets am wenigsten zu sagen hatten, jetzt in ihren Booten unterwegs waren, dem Meere dienten, einem Herrn, der hart war wie die Ewigkeit, und auch das Land war ein harter Herr. Doch

alle Männer von der Farm waren da, Terences und Daniels Gruppe, deren Aufgabe das Verpakken der Algen und das Sammeln von Seetang war. Ja, von der ganzen Gemeinschaft fehlten nicht mehr als neun Männer, und was jetzt geschah, würde ausschlaggebend sein. Was ich jetzt sage. Was ich jetzt zu ihnen sage.
»Vater Abt?«
Im Kreuzgang drehte er sich um, sah, wie sich alle hinter dem Triumvirat – Matthew, Manus und Walter – zusammendrängten. Walter war's, der ihn gerufen hatte.
»Ja, Vater Walter?«
»Können Sie es uns jetzt sagen? Der Mann ist weg!«

*

Er wartete, bis sie alle drinnen waren und in einer langen Reihe im Kreuzgang standen. »Ja, jetzt kann ich's euch sagen. Vater General in Rom hat mir in seinem Brief eine Instruktion gegeben. Sie wird befolgt werden. Von jetzt an wird hier und auf Mount Coom die neue Messe abgehalten werden. Die Form der Altäre wird den liturgischen Änderungen entsprechen, und der Priester wird auf die Gemeinde blicken. Es wird keine weitere Ohrenbeichte geben, ausgenommen bei den vorgeschriebenen, ganz besonderen Fällen, wo die Art der Beichte eine private Beratung rechtfertigt. Das ist alles. Wir haben unsere Befehle erhalten, und es ist an uns, sie nach bestem Können auszuführen. Ich bin sicher, daß wir das tun werden, nicht wahr?«

Er blickte weder Matthew noch Manus an, sondern richtete den Blick abwechselnd auf Vater Donald, der letztes Jahr einen Zusammenbruch hatte und leicht in Tränen ausbrach, und auf Bruder Kevin, der seine Hysterie verkrampft und nur bedingt zu beherrschen vermochte. Etwas Derartiges befürchtete er, doch das wichtigste im Augenblick war, fest zu sein, sie zu zerstreuen und auf dem Gehorsamsgelübde zu beharren. »Und das erste, was wir jetzt tun werden«, sagte er und versuchte zu lächeln, »besteht darin, daß jeder wieder an seine Arbeit geht. Das ist alles. Jetzt geht!«

*

»Das ist nicht alles!« Vater Matthew, zornig wie Jesaja, richtete sich in voller Größe auf und hob bezichtigend den Finger. »Warum haben Sie der

Gemeinschaft nicht gesagt, was Sie gestern abend zu mir gesagt haben, Vater Abt?«
»Gestern abend habe ich Ihnen gesagt, Sie sollen zu Bett gehen. Heute sage ich euch, ihr sollt an die Arbeit gehen!«
Das Lachen, das er hatte anbringen wollen, zerflatterte und erlosch.
»Sie haben mir auch gesagt, wir sollten die Messe von jetzt an nicht als ein Wunder, sondern als ein frommes Ritual betrachten, wie Sie es, glaube ich, nannten.«
»Das stimmt.«
»Wie kann etwas an einem Tag ein Wunder und am nächsten Tag kein Wunder sein?«
»Vielleicht sind Sie ein besserer Theologe als der Papst oder das Vatikanische Konzil, Vater Matthew. Ich bin es nicht. Ich bin ein Mönch und tue, was mir befohlen wird.«

*

»Nein, nein, nein, nein!« Vater Donald war, wie der Abt es befürchtet hatte, in Tränen ausgebrochen. »Das ist ein Sakrileg, das ist Lästerung! Nein, nein, nein, davon will ich nichts hören, nein, nein!«

Der Abt legte seinen Arm tröstend um Vater Donalds Schultern. »Kommen Sie, Donald«, sagte der Abt. »Sie wissen nicht, was Sie sagen. Sie müssen sich nicht so aufregen. Kommt jetzt alle! Laßt uns an die Arbeit gehen!«

*

»Aber *ich* lasse mich nicht so abfertigen«, schrie Vater Matthew. »Ich lasse mir nicht befehlen, etwas zu glauben, das ich nicht glaube.«
»Den Glauben kann niemand befehlen«, sagte der Abt. »Er ist ein Geschenk Gottes.« Doch schon während er es aussprach, die einzige Wahrheit aussprach, die ihm verblieb, sah er auf ihren Gesichtern, daß er versagte, daß er sie verlor, daß er etwas tun mußte, was er noch nie getan hatte, etwas geben mußte, das er in all seinen Jahren als ihr Abt noch nie gegeben hatte. Was ihn seit Lourdes in ständiger Angst gehalten hatte, dem mußte er sich jetzt stellen.
Was er am meisten fürchtete, das mußte jetzt getan werden. Auch wenn ich, falls ich es tue, das Nichts betrete und nie mehr zurückkann. Meine Zeit ist gekommen.

*

Matthew, entschlossen, Unruhe zu stiften, fing wieder an. »Ihr könnt alle sehen, was hier beabsichtigt ist. Es ist eine Absage an alles, was die Messe bedeutet.«
Der Abt hob die Hände und gebot Ruhe. Es wurde ruhig. Er drehte sich um und hielt die Tür auf, die ins Schiff führte. »Bitte! Laßt uns in die Kirche gehen!«
Er stand da und hielt ihnen die Tür auf, als sie an ihm vorbeischritten, seine Augen auf ihren Gesichtern, diesen Gesichtern, die er besser kannte als sein eigenes Gesicht, und auf denen er jeden Schimmer eines Flackerns sah: von der Verwirrung, vom Zweifel bis zum Zorn auf ihn, bis zur Furcht und zu Vater Donalds gefährlichen Tränen und Bruder Kevins Hysterie, fest im Zaum gehalten, wie ein Pferd, das im Begriff ist, durchzugehen. Er trat nach ihnen ein und schloß die Tür. Ging im Mittelgang an ihnen vorbei, das hohe, gewölbte Mittelschiff hinauf, ging durch die Stille im fahlen Licht dieses Ortes, wo er die längste Zeit seines Lebens verbracht hatte, dem Ort, wo sein Leichnam ruhen würde, hier an dem Ort, den er am meisten fürchtete. Er betrat den Chor. Er stand vor dem Altar.

»Ein Wunder ist es«, sagte er, »wenn Gott dort im Tabernakel ist.«
»Aber Sie haben das Gegenteil gesagt, Sie haben gesagt, das Opfer der Messe sei bloß ein Ritual, und Brot und Wein blieben Brot und Wein, und Wunder gäbe es keine!«

*

Matthew tobte, rechtschaffen, gekränkt. Der Abt, der ihnen allen den Rücken kehrte, hörte das heftige Atmen, das Erschrecken ihres Lebens bei diesen Worten, an diesem Ort gesprochen. Er blickte auf die goldene Tür des Tabernakels. Seine Furcht überkam ihn. »Das Gebet ist das einzige Wunder«, sagte er. »Wir beten. Wenn unsere Worte Gebet werden, wird Gott kommen.«

*

Langsam, schmerzhaft steif vor Alter, ließ er sich schwerfällig auf ein Knie, dann auf beide Knie nieder. Er kniete mitten im Gang, dem Altar gegenüber; die Sohlen seiner schweren Arbeitsstiefel schauten unter dem Saum seiner Kutte hervor. Er zitterte. Er schloß die Augen. »Lasset uns beten!«

*

Er senkte den Kopf. »Vater unser, der du bist im Himmel«, sagte er. Das Zittern wurde stärker. Er betrat das Nichts. Nie würde er zurückkommen. War im Nichts.

*

Er hörte sie niederknien. »Vater unser, der du bist im Himmel.« Erleichtert kam das Echo ihrer Stimmen.
»Geheiligt werde dein Name«, sagte der Abt.
»Geheiligt werde dein Name.«

Daniel Katz
Als Großvater auf Skiern nach Finnland kam
232 Seiten, Leinen

»Daniel Katz, Theaterschriftsteller und Hörspielautor, führt mit seinem ersten Roman in die junge, reiche und ehrgeizige Literatur seines Landes eine lebensträchtige Erzählfigur ein, die sich zwischen Hašeks bravem Soldaten Schwejk und der poetischen Rabulistik des Ostjudentums wie ein finno-judäischer Kombattant des großen Stehaufmännleins Charlie Chaplin darstellt.«
Die Zeit

»In vielen dieser Geschichten steckt skurriler Witz. Der Leser begegnet einer Reihe kauziger Originale und sieht sich ausgezeichnet unterhalten.«
Frankfurter Allgemeine Zeitung

»Zugleich bitter und lachend, präsentiert uns der in Finnland aufgewachsene Daniel Katz Familienerinnerungen, die aus der Zarenzeit bis zum heutigen Tag reichen und von denen er eifrig beteuert, sie beruhten auf reiner Erfindung...«
Welt des Buches

Claassen Verlag   4 Düsseldorf 1   Postfach 9229

Thomas Valentin
Jugend einer Studienrätin
Ausgewählte Erzählungen, Gedichte, Fernsehspiel
360 Seiten, Leinen

»Valentin ist ein realistisch-zeitkritischer Erzähler, der sich, mit humanitärem Engagement, mit den Problemen der Gegenwart und der jüngsten Vergangenheit kritisch auseinandersetzt, der die gekonnte psychologische Einzelanalyse und Charakterzeichnung verbindet mit der Schilderung der gesellschaftlich-politischen Zusammenhänge, in denen seine Figuren stehen. An extremen Situationen sucht Valentin die Alltäglichkeit mit ihrer Scheinsicherheit durchschaubar zu machen. Als scharfer Beobachter gelingt es ihm, in seinen Erzählungen mit knappen Strichen und sicherem Sinn für dramatische Effekte Situationen zu entwerfen, Spannung zu erzeugen und die Story folgerichtig auf eine Schlußpointe zuzutreiben.«
Radio Bremen

»Valentin steht in der deutschen Erzähl- und Lyriktradition: er hat sich einen nicht ungewichtigen Platz in der zeitgenössischen Szene erkämpfen können.«
Frankfurter Allgemeine Zeitung

Claassen Verlag   4 Düsseldorf 1   Postfach 9229

Beat Brechbühl
Nora und der Kümmerer
328 Seiten, Leinen

»Mit dem ›Kümmerer‹ ist Brechbühl eine Gestalt von Überzeugungskraft gelungen. Bestechend, in welch farbiger Lebendigkeit Brechbühl diesen an sich alltäglichen Typus festgehalten hat.«
Neue Zürcher Zeitung

»Mit Sorgfalt, um nicht zu sagen: mit Liebe schildert Brechbühl die Welt des Quirin Quassel. Das Original hat alle Sympathien des Autors. Da gibt's lächelnde Ironie, ausgezeichnete beobachtete echte Menschlichkeit. Da gibt's das tolle Gespräch mit dem Jägersmann im Zug, eine echte erzählerische Meisterleistung. Brechbühls neuer Roman erfreut, weil sich in ihm ein echtes Erzähltalent beweist und weil über das Medium des lockeren, auch unterhaltsamen Erzählens ein Thema angegangen wird, das ohne jeden modischen Zug zeitbezogen ist.«
Aargauer Volksblatt

Claassen Verlag   4 Düsseldorf 1   Postfach 9229